ご縁 ～人に恵まれ、助けられ、支えられ～

ヤマモリ代表取締役 社長執行役員
三林 憲忠

中経マイウェイ新書 049

まえがき

今回、中部経済新聞社様から連載企画「マイウェイ」の執筆依頼をうけ、2020年の5月6月と2カ月間50回にわたり、私の勝手な話をさせていただきましたこと、読者の皆様には誠に申し訳ないことだったと思っております。当初は、50回にわたって皆様にお話しできる内容などある訳がないと思っていましたが、自らの半生を振り返ってみる貴重な機会を頂戴したものと、開き直って書かせていただきました。たぶんこんな機会を頂戴していなかったら、自らの過去を振り返ることはなかったと思います。

記憶をたどりつつ、印象に残っていることを、その時その時の気持ちを思い出しながら書き始めると、意外や意外、あれもこれもと、思い出すことが沢山でてきて、とても50話では収まりきらなくなってきました。これは、自らの半生を振り返って、誰のためでもない自分のために書いている記録なんだと、勝手な解釈をして開き直った効果だと思っております。

50話で収まりきらなかった話を何話か書き加えて、この度「ご縁～人に恵まれ、助けられ、支えられ～」というタイトルで発刊させていただきました。

私は29歳でヤマモリ株式会社の社長に就任しましたが、就任直後から、先代社長三林忠衛から預かったバトンを次の世代につないでいくことが、自らのミッションだと認識して、今日現在も走り続けています。

その意味で本書は、この会社の生い立ちや創業から今に至る歴史、脈々と流れるヤマモリのDNAを、社員の皆さんに知ってもらいたいという思いで書きました。一般の読者の皆様には、多分にお聞き苦しい点も多々あろうかと思いますが、どうかお許し下さいますよう、伏してお願い申し上げます。

目次

創業は明治22年

１９８２（昭和57）年5月7日、父すなわち先代社長三林忠衛が56歳という働き盛りの年齢で亡くなり、私は29歳でヤマモリ（当時はヤマモリ食品工業）の社長に就任しました。

社長就任後、会社の歴史について、記録らしいものがほとんど残っていませんでしたが、いろいろと調べた結果、１８８９（明治22）年当時の台帳が見つかりました。残念ながらそれ以前の記録は見つかりませんでした。そこで私は、明治22年を創業年とする事を決定し、社内外に宣言しました。創業者三林専太郎、二代目三林甚一、三代目三林忠衛、私で四代目ということになります。

三林家は、明治の時代から三重県員弁郡七和村森忠（現在の三重県桑名市森忠）の地で地主としての収入を得る傍ら醤油醸造業を始め、できた醤油を地域の皆さんに販売する事を生業にしていました。

屋号のヤマモリは、漢字で書けば「山森」であり、地名である森忠から森の字をとって、そこに山をつけて山森という屋号にしたのだと思います。もし森の字を亀甲で囲んでいれば、キッコーモリ、森の字に鉤手をつけていたら、カギモリという屋号になっていたのかもしれません。この山森という屋号の前垂れをし、山森という屋号の印半纏《はんてん》を着た蔵人が、忙しく仕事に精を出していたことだろうと思います。

今日のように物流が発達していなかった時代には、それぞれの町や村に必ず醤油・味噌・酒の蔵元があり、遠地へ売り歩くのではなく、主に近在の人たちに販売していました。まさに地産地消の生活必需品だったのです。

このため、醤油も味噌も酒も、全国に6千軒くらいの蔵元があったといわれています。

こうした歴史から、現在でも全国に千社以上の醤油メーカー、各県にはそれぞれの醤油組合があり、全国醤油工業協同組合連合会を結成し、大手メーカー5社からなる日本醤油協会とあわせて、重厚な組合組織が形成されています。

醤油を始めとする醸造業は、洋の東西を問わず、長い歴史と伝統ある産業なのです。

創業は明治22年

妻美保子と伊勢赤福本店にて

個人事業から会社組織に

経済的な余裕がなければ、仕込みや熟成のための醤油蔵を建てたり、醤油を掛け売りすることはできません。このため、酒や味噌と同様に、醤油造りはそれぞれの地域の有力者が行っていました。

明治の創業期から昭和にかけて、創業者専太郎、二代目甚一は、おいしい醤油を地域の人々に届けたいという愚直で正直な商売を行い、信用と信頼を得ていました。

戦時中、父忠衛は、「機械科の学生は、軍需品の生産に携わっていれば徴兵をまぬがれることができる」という話も聞いていたので、山梨高等工業学校（現在の山梨大学）へ進み、学徒動員で東京芝浦電気小山工場の係長になりました。

直属の上司の課長がアルプス電気（現在のアルプスアルパイン）を立ち上げ

ることになる片岡勝太郎氏で、戦争が終わると「東京へ来ないか」と誘われ、その気になっていましたが、機会を逸してしまい、その後、自らが立ち上げた鋳物工場も失敗に終わり、仕方なく家業である醤油造りを手伝うようになりました。

1951（昭和26）年「山森食品醸造」に組織変更し、個人事業から会社組織になりました。

父（当時25歳）は、当時津島市で酒造業（割田屋酒造）を営んでいた桑原家の長女、私の母となる和子と見合い結婚しました。これを境に、父は取締役として本格的に甚一を支える立場となりました。

二代目甚一と三代目忠衛は、まったく経営に関する考え方が違っていたように思います。

算盤と暗算に長けていた甚一は、手元に100円のお金があれば、50円を使い、50円を残す人でした。一方忠衛は、手元に100円の元手があれば、さらに200円の借金をしてでも、事業を拡大していくタイプの経営者でした。

私は父である忠衛から「おまえは跡取りだからな」と言われ続けて、子供時代を過ごしてきました。そのことが何を意味しているのかなど、まったく分かっていませんでしたが、知らず知らずのうちに刷り込まれていきました。

父はその後、その若さと斬新な発想とずば抜けた行動力で、大きく会社を変化発展させていくことになります。

醤油樽に貼られていた昭和初期のラベル

画期的な大発明

父は主に営業として外回りの仕事を担当し、新規顧客の開拓にあたっていました。

キャプトンという大型オートバイに乗り、一日中、得意先回りをして、夜遅く会社へ戻ってきましたが、自宅の隣にある工場には明かりが灯っており、夜を徹して蔵人が醤油の麹づくり（製麴《せいきく》）をしていました。

醤油醸造において品質を左右するもっとも重要な麹づくりは、3日3晩、過酷な環境の中で72時間、付きっ切りにならなければならないような大変な仕事で、外回りから戻った父が手伝うこともたびたびでした。

そこで、機械に長けていた父は、この重要かつ大変な製麴工程を自動化・機械化できないだろうかとの思いで知恵を絞り、１９６１（昭和36）年、ついに

「自動通風製麹装置」の自社開発に成功し、桑名工場に設置しました。

そのことにより、醤油醸造において飛躍的な生産合理化・省力化を成し遂げました。それは機械好きで工場設備にも進歩的な考えを持っていた技術屋の父ならではの快挙でした。

業界はもとより世界初の発明で、やがて醤油以外の醸造業にも活用されるようになる画期的な大発明でしたが、残念なことにこの時の父は、特許を取ることにまで考えが及びませんでした。今思うときわめて残念ですが、そこが父らしいと私には思えるのです。

父はもともと醤油屋を継ぐつもりはなく、学生の時から機械の勉強をしていました。そのような人であったため、父は伝統的な製法や習慣、常識に縛られず、醤油製造の近代化と醤油の付加価値化に、積極的に取り組んでいました。

当時の醤油業界ではきわめて先進的で異色の存在であり、アウトロー的存在であったのかもしれません。

そのひとつに、「液体袋詰めスープ」の開発があります。今では当たり前となった液体袋詰めのスープですが、当時は粉末袋詰め小袋スープしかありませんでした。

医薬品機械メーカーと協力して、誰もが不可能だと思っていた液体を袋詰充填する「自動液体袋詰充填機」を開発し、うどんつゆ、そばつゆ、ひやむぎつゆ、中華スープなどを詰めて商品化しました。

液体つゆはおいしいということで、広く市場に受け入れられ、業界初でもあったことから、大変なヒット商品になり、ヤマモリの主力商品となりました。

桑名工場に設置した世界初の「自動通風製麴装置」

家族の思い出

三林家は、私の祖父である甚一、祖母みつゑ、父忠衛、母和子、私と妹千佐子の親子3代6人家族で、醤油蔵の隣にある自宅で暮らしていました。3代同居は今では珍しいことかもしれませんが、昭和30年代当時の田舎ではごく普通のことでした。

家族との思い出もいろいろありますが、小学生の時の思い出を少し紹介します。

祖父甚一は、大変厳格な人で、孫にも厳しい祖父でしたが、私が自転車を欲しがっていることを知ると、一緒に店に行って、当時出始めたばかりの変速機付きのスポーツタイプ、それも店に置いてあった中で一番高価な深いブルーメタリックカラーの自転車を買ってくれたのです。

一番高価な自転車など望んでも無理と思っていただけに、今でも鮮明に覚えています。

祖母みつゑは、とにかく働き者でした。祖父甚一を支えて厳しい肉体労働もこなしていました。

当時の醤油は、四斗樽、二斗樽、一斗樽、一升瓶で流通していました。祖母は得意先から戻ってきた醤油樽を洗浄し、樽に蒸気を吹き込み、殺菌し、乾燥させる作業をしていた姿を覚えています。

そのせいかどうかは分かりませんが、大きく腰が曲がっていました。それが私の知っている祖母でした。

父忠衛とは、普段めったに顔を合わせることがありませんでした。多分、父は朝早くから夜遅くまで、仕事・仕事の毎日だったのではないかと思います。

しかし、毎年お盆休みと年末正月の休みには、必ず母と私たち二人の子供を家族旅行に連れて行ってくれました。

とてもうれしかった反面、普段めったに顔を合わせることがなかった父に、どう対処したらいいのかわからず、戸惑ったことを覚えています。

母和子も、会社の経理事務をしながら、醤油を直接買いに来てくれる地域のお客さんに小売りをする仕事をしていました。蔵人の食事の世話も引き受けていました。

造り酒屋のお嬢さんとして育った母が、身ごもって大きくなったお腹を抱え、重い醤油樽を持つ姿を見て、母の実家の父が涙したと聞いております。

私は何不自由なく、子供時代を送らせてもらいましたが、家族総出で必死に頑張っていたことは、子供心なりに分かっていました。

父忠衛、母和子、妹千佐子との記念写真（昭和 33 年）

トムソーヤの冒険

私は子供の頃から「お前は跡取りだ」と言われ、何の不思議もなくそういうものだと思いながら、何不自由なく育ってきました。

自宅のすぐ横に醤油の醸造蔵があり、蔵には60キロ入りの北海道産大豆の麻袋が積まれていました。

運ぶ時にカギの手を使うため、麻袋には穴があいていて、そこから大豆が床にこぼれ落ち、その上をローラースケートのように靴で滑ることができるので、蔵は小学生の私にとって格好の遊び場でした。

醤油の搾りかすは、今は飼料や肥料に再利用するため引き取り手がありますが、当時は焼却処分していたため、その搾りかすを運ぶためのトロッコが置いてあり、トロッコでも遊ぶことができました。

友だちも「おまえの所の蔵はおもしろい」と言って遊びにきましたし、当然のことながら悪さもしました。まさにトムソーヤの冒険状態でした。

私と妹の通っていた小学校は地元の桑名市立七和小学校で、父はＰＴＡの役員、会長まで務めました。

田舎の小学校だった七和小学校にブラスバンド部をつくろうという話が持ち上がりました。そこで、父がＰＴＡ会長の時、私が5年生の時だったと思いますが、ブラスバンド部をつくるために楽器一式を寄贈しました。

ブラスバンド部ができれば、みんなで楽器を練習して行進することになりますが、おそらく父が楽器一式を寄付したことが影響して、先頭を歩く指揮者に私が選ばれたのです。

バンドを指揮して行進していくことは、うまくいった時はとりわけ気持ちが良いのですが、今から思えばこれは間違いであり、指揮者に選ばれるべきではありませんでした。

もしあの時、トランペットとかトロンボーンとか、楽器を演奏するように言われていたら、それを機会に楽器に親しむことができ、仕事で疲れた時に奏でるなど、心豊かな時間を過ごすことができたかもしれないからです。

口三味線をひき、腹鼓を打ち、大きな法螺《ほら》を吹き、伏見稲荷と伊勢神宮で鍛えた柏手を打ち、大きな声のカラオケだけが自分の芸では、今となってはいかにもさみしいかぎりです。

ブラスバンドの指揮者として桑名市内をパレード

父の車の前で

中小企業近代化促進法指定事業第1号

父の先進的かつ積極的な取り組みは、数え上げたらきりがありません。

そのひとつはすでに紹介した「自動通風製麹装置」や「液体小袋充填機」の開発ですが、政府が大企業と戦えるような中小企業を育成するため、設備の近代化政策を発表すると、さっそく行動を開始しました。

その結果、三重県醤油味噌工業協同組合の清水壹良理事長の協力を得て、県内の同業者57人による出資合同をとりまとめ、国から「中小企業近代化促進法指定事業第1号」の指定を受けることができたのです。

こうして、全国初の中小企業の構造改善事業として、1966（昭和41）年に桑名に醤油の新工場を完成させました。この工場は政府政策のモデルケースとして、全国から視察が絶えませんでした。

年商２億円の時代に２億円を借り入れて建設したもので、これが後に現在のヤマモリ桑名工場となりました。

設備の近代化によって生産能力は飛躍的に高まりましたが、問題が発生しました。出資者は三重県内の同業の醤油メーカーであり、「新工場で製造した醤油は俺の販売エリアでは売るな」と言われてしまったのです。

そこで、地元出資者の商売に迷惑がかからないように、加工用や業務用、さらには県外への拡販に乗り出していきました。

こうした努力が実っていき、岐阜県の高山米穀協業組合や、長野県の農産加工品製造業者との取り組みなど、新たな市場開拓への足掛かりとなりました。特に長野県産えのき茸を甘辛い味付けで煮込んだ「なめ茸茶漬け」製品の専用加工用醤油の提案は大いに喜ばれ、高く評価されました。

家庭向け総合雑誌の「暮しの手帖」で「山森醤油」が高い評価を受けると、

これを機に灘神戸生活協同組合（現在の生活協同組合コープこうべ）との取り引きが始まり、関西市場へ進出することができました。

灘生協に配送の相談をすると、西宮市に本社のある総合食品卸の加藤産業を紹介してもらい、これが加藤産業との取り組みのスタートとなりました。

桑名に最新鋭の醤油工場建設

レトルト食品の草分け「釜めしの素」

1969（昭和44）年、父は醤油を基盤に食品分野への参入を検討し、「やるなら、誰もやっていない新しい分野で、将来性のある商品を開発しよう」との思いに至りました。それが、「レトルトパウチ食品」でした。

レトルトパウチ食品は、アメリカ航空宇宙局（NASA）が宇宙食として開発し、アポロ11号の有人月面着陸時に宇宙飛行士の食事として実用化されました。

当時の米国ではすでにコールドチェーンが形成され、冷凍食品が広く普及していましたが、日本では多くの食品が合成保存料入りで、常温で流通・販売され、保存料を使用しない食品は缶詰や乾燥食品くらいでした。

このレトルトパウチという画期的な技術をシステムとして日本に待ちこんだ

のが、当時の東洋製罐研究所長、堤陽太郎氏でした。袋の缶詰という発想です。しかし、一連の生産システムは高額で、ヤマモリが買える値段ではありません。そこで父が考えたのは、レトルト殺菌釜を自社開発することでした。ボイラーメーカーだった神垣鉄工所と協力し、ヤマモリ独自のレトルト殺菌装置を開発し、レトルトパウチ食品「ヤマモリ鳥肉入り山菜かまめし」を新発売したのです。

大塚食品の「ボンカレー」発売の半年後のことで、大塚食品のボンカレーとヤマモリ釜めしの素が、日本のレトルト食品の草分けとなりました。

その後、レトルト食品は独自の成長を遂げ、日本の加工食品市場の中で確固たる地位を占めるまでになりました。日本は世界中でレトルト食品が最も普及している国でもあります。

醤油に付加価値をつけて販売する「液体小袋スープ」「なめ茸吸物」に始まり、

レトルトパウチ食品へと進化していったのです。

レトルト殺菌釜を自社で開発し、その装置を活用して商品化につなげるという発想は、到底、私などにはできません。父ならではのチャレンジブルな発想と行動力のたまものでした。

釜めしに続いて、レトルトのミートソースを自社開発しました。日清製粉の食品部へ提案し、当時としては画期的なミートソース付きのゆでスパゲッティを新発売し、大ヒットしました。その結果、当社のミートソース生産高が日本一になり、日清製粉との取り組みはこの時から始まりました。

レトルト食品の草分け「釜めしの素」

日本のレトルト食品の先駆けとなったヤマモリ釜めしの素

大ヒットしたレトルトのミートソース

わが国初のＰＢ商品を供給

１９６０年代（昭和40年代）当時の日本では、食品に限らずメーカーが主導的な立場で流通をリードし、各メーカーは調味料問屋、酒問屋、乾物問屋など、業種別の問屋に対し、しっかりとした特約店制度を敷いていました。

そこに食料品や日用品を幅広く取りそろえ、セルフサービスで安く売る「スーパーマーケット」という業態が登場してきました。流通革命の始まりです。

その最先端を走っていたダイエーは、大量生産で安く販売するため、プライベートブランド（ＰＢ）商品「キャプテンクック」の開発を計画しました。

醤油についても計画を進め、大手醤油メーカーに製造元として生産委託話を持ち掛けましたが、特約店制度を守らなければならないメーカーとしては、もとより乗れる話ではなく、相手にされませんでした。

これに対して、戦後になって商売らしい商売を始めたヤマモリは、遠からずスーパー全盛の時代が来ると予見して、これを引き受けたのです。日本初のスーパーのＰＢが「キャプテンクック」であり、その第1号の商品が醤油だったので、ヤマモリはわが国初のスーパーのＰＢ商品を供給したことになります。１９７２（昭和47）年のことでした。

父は新しい商品の開発に挑戦するだけでなく、安く製造するための工夫も凝らしていました。その試みのひとつとして、醤油の容器であるボトルを内製化することにし、醤油充填工場内にボトルの成型機を設置しました。

樹脂原料を購入し、ボトルを成型して、これに醤油を充填し、自動箱詰めを行うという、一貫した自動化ラインを導入したのです。

醤油メーカーが醤油のボトルを内製している例など皆無であり、業界初の大胆な挑戦でした。

父はこのように次々と独自の挑戦を続けていき、1967（昭和42）年に2億円だった年商は、10年後の1977（昭和52）年には50億円、その5年後の1982（昭和57）年には年商100億円と、急激に売上規模を拡大していきました。

自社でボトル成型機を設置

日当の一番高いアルバイト

小学校を卒業し、桑名市立明正中学、三重県立桑名高校へと進学しました。

3年生になり、いよいよ進路を決めなければなりません。大学生活は東京で送りたいとの思いから、東京農業大学農学部醸造学科（現在の応用生物科学部醸造科学科）と明治大学農学部農芸化学科を受験しました。

両方とも受かったので、「どちらにしようか」と考え、東京6大学のひとつである明治大学のほうが格好良く思えました。

だが、農学部は駿河台ではなく川崎市の生田キャンパスにあり、周辺には何もない。一方、東京農大は世田谷にある。せっかくの東京暮らしなのに、なぜ田舎へ行かなければならないのかと思い、東京農大に決めました。

父から「金は要るだけ送ってやるが、女性には気をつけよ」と言われ、そんな事情でアパートでの一人暮らしは認めてもらえませんでした。

下宿先の大沢福子宅は、世田谷区赤堤の閑静な住宅地にある広い庭付きの洒落た洋館で、私は一目で気に入りました。私のほかに4人の下宿生がおり、私たちは一人暮らしの福子おばさんの用心棒役でもありました。

福子おばさんは西武グループの堤家の料理の先生で、清二氏、義明氏との交流も盛んでした。

送金が足らないので友だちに聞くと、仲間の中では多い方だったため、仕送りを増やしてくれとは言いづらく、アルバイトをすることにしました。

アルバイトニュースで、時間当たりの効率を重視し、日当の一番高いものを選んでいました。一般には3千円程度のものが多いのですが、1万円以上のものを探し、それを貯めて、冬は奥志賀高原へスキーに行ったりしました。

体への負担が大きくきつい仕事が多かったのですが、おもしろい仕事もありました。テレビＣＭ制作の裏方仕事です。

大道具や小道具を準備し、スタジオにセットを組み上げ、撮影ロケの準備をするのですが、天候や出演する俳優さんの都合でいつ撮影できるか分からないことがあったり、時には夜の10時から翌朝までと不規則なため、日当が高かったのです。

ＣＭ制作に携わっていた人たちは、かつて映画製作に携わっており、プロ意識の塊のような人たちでした。有名女優さんと一緒に同じロケ弁を食べるのもまた楽しみのひとつでした。

下宿先での仲間（左端が筆者、その右上が福子おばさん）

東京農大の収穫祭にて

七光を八光に

私にとって父は、あまり付き合いたくない存在でした。「ちょっと来い」と言われると、怒られたことはあっても、褒められたためしがなかったからです。

中学・高校時代は、同じ屋根の下で暮らしていても、父と顔を会わせることはほとんどありませんでした。あえて言うなら、私のほうから避けていました。

東京農大に入り、東京での学生生活を謳歌していましたが、仕事については大学3年の頃から意識が変わり始め、卒業する頃には明確に父の会社へ入ると決めていました。次のように考えたからです。

大学を卒業して何か事業を始めるとする。その場合、何もないところから始めるのは大変なことだ。まだ社会的信用はないし、資金はゼロだし、雇用や金融や設備など、準備しなければならないことがたくさんある。

ところが、跡を継げば、とりあえず舞台はあるので、そのような創業の苦労はしなくて済み、スタートラインに関しては恵まれている。いわゆる親の七光である。

その七光とは、長い時間をかけて祖父や父が築き上げてきたものであり、それを受け継いで八光にすれば、プラス1が自分の功績になる。さらに努力を重ね、それを九光、十光にしていけばいいのだ。

気持ちはこのように固まったのですが、私には別の難関が待ち構えていました。

大学の4年間、学業に専念するというより、アルバイトという名の社会勉強に明け暮れていたので、必須科目の一教科で出席日数が足らず、卒業できる単位を満たすことができなかったのです。

跡を継ぐ会社があるとしても、卒業できないのでは始まらないので、私はゼミの先生にこう持ち掛けました。

「優秀な学生ならともかく、私のような者を卒業させずに残していても、大学にとって何のメリットもありません。だから、何とか卒業させてください」

私の主張をどこまで理解してくれたのか、それとも別の理由からなのか、先生は私に「言いたいことはよく分かった。A4で5枚、レポートを提出しなさい」と言ってくれました。

私はレポートを書き上げ、1975（昭和50）年3月、無事卒業することができました。

両親との記念写真（志摩観光ホテルにて）

松阪新工場の建設を決断

父は1976（昭和51）年8月、社名を「ヤマモリ食品工業」に変更しました。株式会社組織の「山森食品醸造」が発足してから25年、イメージの一新を図ることにしたのです。

11月には、資本金を2億円へ倍額増資しました。背景には、旧松阪工場が抱えている問題がありました。

旧松阪工場は老朽化が進んでいたのに加え、相次ぐ拡充によってスペースの余裕がなくなっていました。これ以上の増築増設は無理と判断した父は、新たな工場用地の選定を急ぎながら、自らの脳裏にある理想的な新工場の設計を進めていきました。

そして、松阪市大口町に1万1000坪の用地を取得し、新工場の建設を決断しました。当時の年商以上の投資を伴うきわめて大きな決断でした。

ちょうどその頃、味の素では傍系会社のクノール食品が「缶入りディナースープ」を新発売することを決定し、生産を委託する工場もほぼ決定しかけていました。そのタイミングでの新工場建設の決断でした。

父は自ら考案した世界初の「熱水回転式通り抜けレトルト殺菌装置」の品質面における有利性を説いて、これから建設する松阪新工場でこの一大プロジェクトの受注獲得を目指そうと、積極的な行動を起こしました。

この時、相談に乗っていただいたのが、味の素名古屋支店長に就任して間もない稲森俊介氏でした。

この稲森支店長から逐一報告を受けていた昆布猛専務の強力な推薦と、渡辺文蔵社長の決断によって、この一大プロジェクトの生産委託先がヤマモリに決定しました。

しかし、ここには難関が待ち構えていました。

クノール食品の缶スープの発売日は、翌年9月20日とすでに決まっていました。ところが、それを製造することになる新工場の建設はまだこれからで、杭打ちもしていない荒れた1万1000坪の土地があるだけです。

このため、松阪新工場の建設とクノール食品缶スープの生産立ち上げに向けた怒涛の日々が、ここから始まっていくことになるのです。

超突貫工事で完成した松阪新工場

松阪新工場が完成

１９７７（昭和52）年2月22日、松阪新工場の開発許可を得た当日、地鎮祭と起工式を執り行いました。

ここから、通常3年はかかると見られていた工場の建設を、同年7月31日の完成を目指すという、考えられないような突貫工事がスタートしました。まさに死にもの狂いの挑戦でした。

この時、父（当時50歳）はすでに悪性リンパ腫が見つかり、名古屋第一赤十字病院に入院して、抗がん剤治療を受けていました。このため、病院から抜け出しての起工式でした。

父は病室に居ながら、新工場の設計と建設の指示をしていました。設備の選定などを行うために、病室の前には設備業者や建設業者が列をなし、病室内に会議机を持ち込んで、工場の図面を広げていました。

病室はまさにオフィスとなっており、業者との打ち合わせや検討は、病院の消灯時間後まで続けていました。

抗がん剤治療もそこそこに、無理やり退院してきた父は、髪が白くなり、入院前には90キロを超えていた体重は、60キロ台にまで落ちていて、まるで別人のようでした。

まさに命をかけて松阪新工場の建設に取り組み、陣頭指揮を執っていた父の姿を、私は今でも鮮明に覚えています。その間の社員の皆さんの頑張りも、凄まじいものでした。

新入社員だった私も、何日も工場の応援に入り、徹夜になった時には、工場事務所の床に段ボールを敷いて仮眠したものです。段ボールがこんなに温かいものだとは、その時、初めて知りました。

そして、何とか8月12日にクノール食品缶スープの生産開始にこぎつけ、味の素が予定していた発売日に間に合わせることができました。

こうして、父は昆布専務や稲森支店長との約束を果たすことができたのです。竣工式は10月4日、来賓や取引関係者らに出席いただいて執り行いました。

これを機に味の素とのお取り引きが始まり、翌年の1978（昭和53）年には、味の素初のレトルトパウチ食品「中華合わせ調味料」の生産の依頼を受けることになり、味の素との本格的な取り組みへと発展していきました。

松阪新工場の竣工式であいさつする先代社長の三林忠衛

竣工式であいさつする味の素専務、昆布猛氏

仕入れの難しさ

大学を卒業すると、「外の飯を食って来い」ということで、わずか1年間ではありましたが、岡崎マルサン（現在のマルサンアイ）に就職しました。

次々と新しい事業に挑戦し続ける、味噌業界の異端児とも言うべき存在で、学ぶべきことは多く、入社後3カ月は岡崎で勤務し、その後、東京支店勤務となり、大手味噌専業問屋の小売店担当セールスなどを経験しました。

翌年の１９７６（昭和51）年4月、私はヤマモリ（当時はヤマモリ食品工業）へ入社しました。23歳の時でした。

父は私のために「資材課長」という新しいポストを用意してくれ、しばらくして、スープ工場の課長を兼務しました。

私は資材を管理するために、受け渡しの帳簿を初めてつくり、倉庫には鍵をかけることにしました。それまでは、倉庫には自由に出入りできたので、勝手に資材を持ち出されることがあり、そのような状態を放置していては、正確な資材の管理ができないからです。

資材管理の責任者として、毎日、倉庫内の整理整頓を欠かさなかったため、半端な数量の資材であっても、どこにどれだけあるのかを把握し、常に頭に入っていました。

私は大学を卒業してまだ2年目の若造でしたが、随分、無理なことも言いました。

ある時、包材が急きょ足りなくなったので、「1週間以内に納入してほしい」とメーカーに伝えました。メーカーの担当課長は「それは無理です」と答えました。

そこで「仕掛品はないのですか」と尋ねると、「ありますが、それはほかの取引先へ納める物です」とのことなので、「それをうちへ回してもらえませんか」と迫りました。返事は「それはできません」でした。

そこで私は、「それが担当者であるあなたの見解なら、担当をおりてください。会社としての意見なら、今後、発注先をすべて競合他社に替えることにします」と、無理を承知で包材を調達したこともありました。

同じ資材に関しても、仕入れ先によって言うことが異なっており、いろいろな業界のさまざまな人との出会いを重ねていくうちに、「仕入れは、売るのと同じくらい難しい」ということが分かってきました。

娘4人を囲んでのお誕生日会

後継者を促成栽培

なぜ私のために、「資材課長」という新しいポストを設けてくれたのか。このことについて、父は何も言ってはくれませんでした。しかし、仕事を続けていくうちに、父なりによく考えてのことなのだ、と理解できるようになりました。

父が入院していた当時、診断結果を家族には伝えても、本人にはガンの告知をしない時代であり、父自身に本当の病名が明かされることはなかったのです。おそらくですが、父は医師の説明を疑い、自分の本当の病名を知っていたものと思われます。自分はもう長く生きることはできない。そう悟った父は、医師に迫りました。

「あと何年生きられるのか、2年なのか3年なのか、それとも1年、あるいは半年なのか、どうか教えてほしい。私には生きているうちに、しておかなければならないことがたくさんある。残された時間がどれだけあるかによって、何をしておくべきか、決めなければならない。私には私の都合があるんだ」

だが、医師は決して最後まで本人に病名を明かすことはありませんでした。

もちろん、それであきらめるような父ではなく、たとえ何年生きられるか分からなくても、先が長くないのは確かであり、ならばどこまでできるか分からないが、後継者である私をともかく促成栽培しなければならない。そのために新しく設けたのが「資材課長」というポストでした。

生産活動には、どういう資材が必要で、どこから、どれだけ、いくらで購入しているのか、そしてその資材が、どのように使われて製品となり、出荷されていくのか。

資材課長とは、社外すなわち取引先と社内の製造・販売部門とのちょうど中間に位置していて、その両方に関わることのできる役職であり、仕入れて、生産して、販売するという会社全体の動きを、短期間で知ることができるのです。何よりも、モノの値段が分かること、値踏みできることは、とても大事なことでした。

兼務したスープ工場の課長では、製造現場を体験することもできました。働いているのは年上のパートのおばさんであり、気持ちよく働いてもらえる環境をつくり上げなければ、職場は動かないものだという、人間関係の大切さを学ぶことができたのです。

昭和 50 年代当時のヤマモリ商品ラインナップ

管理職の仕事とは

それから2年ほどして、私は名古屋支店の営業課長になりました。食品にはそれぞれのシーズンがあるので、その対応に力を注いでいました。

秋から春にかけては釜めしのシーズンなので、朝早くから名古屋の日比野市場などで釜めしを炊き、夏はそうめんつゆのシーズンなので麺をゆでていました。仕入れにやって来た人たちに売り込むためです。

「朝売り」と呼んでいるもので、これが終わると問屋の社員に同行して、小売店へ商品を置いてくる「置き回り」に出かけました。

シーズンになると、このように朝早くから夜遅くまで営業活動を続け、疲れ果てて帰宅していました。そんな毎日を過ごしていると、ある日、私は父から言われました。

「おまえ、何をしとるんや」

怒っているような言い方でしたが、理由が分からない。私はむっとして反論しました。

「シーズンインだから、連日、朝売りや置き回りをしている。スケジュールがいっぱいで、大変なんだ」

すると、父は言いました。

「おまえは名古屋支店の課長やろ。それで、部下の相談にはいつ乗ってやるんや。部下への指示はいつするんや」

「今はシーズンインで忙しいから、そんなことに構っていられないんだ」

私が反論しても、父は折れません。

「それではあかんのや。方向が違うんや、方向が」

なぜこんなことが分からないのか、と父は言いたげでしたが、何がいけないのか、具体的には指摘しませんでした。

一方、私は私で、痛いところを突かれたと思ったのですが、精いっぱい頑張っているのだから、ご苦労さんの一言があってもバチが当たらないのに、と思いました。

その後、父の言いたかったことがよく理解できるようになりました。あの時父は、管理職は何をしなければいけないのかを教えたかったのかと思います。

会社にはそれぞれの立場にそれぞれの役割があり、管理職が一般社員と同じことをしていては、リーダーとして采配がふるえない。もっと大きな視野に立って物事を眺めるべきだ、と言いたかったのです。「方向が違う」という指摘から、チーム全体を指揮して成果を上げるのが管理職の役割だ、ということを学びました。

牛肉自由化に伴い、シンガポールで生産したレトルトを販売開始（松坂屋名古屋店にて）

病床のスケッチブック

その後、私は本社の特販部長に就任し、新規の取引先を次々に開拓していきました。新しい仕事を行うために設備投資を実施し、大きく業績を伸ばすことができたのですが、この時は特販部の売上目標を達成することだけを考えていました。

すでに私は取締役の一人に名前を連ねており、当時28歳、営業担当の常務に就任して、営業全般を見なければならない立場になりました。

この時、私はそれまでの自分の考え方の間違いに気づきました。自分の部門の成績を上げることばかり考えていてはだめだ、会社全体が良くなければ意味がない、と気づくことができたのです。少し考えてみれば、当たり前のことですが、理屈として分かっていただけで、実際には分かっていませんでした。

私は父の促成栽培プログラムのおかげで、経営者としての自覚が芽生えるところまで来ることができたのかもしれません。

一方、父は抗がん剤治療を終えて名古屋第一赤十字病院から退院したものの、寿命が長くはないと自覚していたので、退院後は以前にも増して時間と競争するように、目いっぱい仕事を詰め込んでいました。

無理がたたり、ある朝、黄疸症状が出て、父の顔は真っ黄色でした。自宅に近い桑名市内の総合病院へ行くので乗せていくよう、私に命じました。

肝機能の数値は最悪で、診察した医者は昨日まで仕事をしていただなんて信じられないと驚き、そのまま緊急入院となりました。

それから一週間、二週間が過ぎようとしていた頃、父は病室で私に「スケッチブックを持ってこい」と言いました。

持っていくと、「これから俺の言うことを書け」というのです。私はベッド脇の椅子に座って、スケッチブックを開きました。

父は「従業員のみなさん……」と言いかけ、言うべきことを考えているようでしたが、そこから先の言葉が出てこない。再び「従業員のみなさん……」。やはり、言葉が出てこない。数回繰り返しても、結果は同じでした。

あの時、父は何が言いたかったのでしょうか。

確かなのは、意識がなくなる最後の時まで頭の中にあったのは、私や家族のことではなく、従業員のことだったということです。全身全霊を傾けて事業を拡大させ、俺の言うとおりにやれという人でしたが、経営者として最後の最後まで、従業員の心配をしていたのです。

三代目社長　三林忠衛氏

結婚前にすべきこと

父が亡くなる前に、私には解決しておかなければならない問題がありました。この頃、小牧市を中心に店舗展開していたスーパーマーケットがありました。現在は商業不動産賃貸業へ業態を変更しているサワムラヤです。

1791（寛政3）年に清酒の醸造を始めた歴史ある会社で、6代目穂積金兵衛がスーパーマーケットを展開していました。

名古屋の総合食品問屋メイカン（現在の伊藤忠食品東海営業本部）の佐藤良嶺社長のお世話で、私は6代目の娘、美保子と見合いをしました。婚約が調い、これから結納を交わして、1982（昭和57）年11月12日に結婚式と披露宴を行う運びになっていました。

しかし、父の病状が悪化し、きわめて危険な状態になってきました。私は穂積家を訪問し、金兵衛さんに言いました。

「父はもう長くないと思います。婚約した時は、このようなことになるとは思っていませんでした。このまま話を進めていいのかどうか、判断に苦しんでいます。まだ結納前ですので、なかったことにしていただいても、やむをえないと思っています」

するど、金兵衛さんは言いました。

「娘はお父さんに、ましてや会社にもらってもらうのではありません。あなたにもらってもらうのです。あなたさえ異存がなければ、結婚の話は予定通り進めてください」

続けて「お父さんが亡くなられたら、すぐに相続の問題が発生します。相続人はひとりでも多い方がいい。美保子が嫁ぐ前に、お父さんの養女として養子縁組をしてはどうでしょう」と提案してくれました。私は早速手続きを進めました。

父は、味の素の元専務で当時は三楽オーシャン（現在のメルシャン）社長の昆布猛氏に、仲人を頼んでいました。昆布さんが、病床の父のもとに結納請書を届けてくれた時、父は昆布さんの手を握り、涙して喜びました。

それからしばらくして、父は亡くなりました。昭和57年5月7日のことでした。死因は肝不全。無理を重ねて仕事を続け、肝臓を悪化させての死でした。

私には、対処しなければならないたくさんのことや喪主の務めがあったので、ただ悲しんでいるわけにはいかず、あわただしい時間が過ぎていき、太く短く生きた偉大な父の死を実感したのは、遺体がだびに付された時でした。

結婚式は予定通りに行い、結婚披露は社長就任披露を兼ねて実施しました。

昭和 57 年 11 月 12 日結婚
憲忠 29 歳、美保子 23 歳

社長としての第一歩

父の葬儀が終われば、取締役会を開いて次期社長を決めなければなりません。この時のヤマモリには副社長が二人いて、その一人が6歳年下の父の弟、三林光男であり、代表権も持っていました。

社長の急死というような事態に対処する場合、代表権のある副社長がいるのであれば、その人が昇格するのが常識的な判断ではないでしょうか。ところが、叔父は私に向かって次のように言ったのです。

「私が社長を引き受けてもいいが、いずれはおまえに代わらなければならない。要するに遅いか早いかの問題であり、この際、おまえが引き受けたらどうだろうか」

思い掛けない提案でしたが、その時の私には「俺がやらなければ誰がやる」

という思いもありました。そこで私は「副社長さえよければお引き受けします」と答えたのです。

ほかの役員も同意し、こうして私の社長就任が決定しました。父が亡くなって8日後、すなわち1982（昭和57）年5月15日のことでした。

この時はそこまで思ってはいませんでしたが、いろいろな経験を積むに従い、やがて私は「偉大な叔父さんだった」との認識を深めていくようになったのです。

私が社長に就任して以来、会社で二人だけでいる時でも、どんな時でも叔父は私のことを「社長」と呼ぶようになりました。私が「そんな他人行儀なことはやめてください」と言っても、「おまえは社長を引き受けたのだから、社長でいいじゃないか」と聞き入れてくれませんでした。

なかなかできないことであり、すごい叔父だと思いました。父の忠衛といい、義父の穂積金兵衛といい、私はグレートでエクセレントな人たちに育てられてきたのです。

社長に就任した私は、会葬のお礼と就任のあいさつをするために、叔父とともに取引先を回りました。

「会社は大変な状態にあるので、ひとつご支援を」と、ただひたすらお願いすることにしたのです。そうするよりほかに方法などありませんでした。

ありがたいことに、行く先々でいろいろな方から貴重なアドバイスをいただくことができ、こうして私の社長としての第一歩が始まっていったのです。

三林光男副社長（当時）

決起大会のスピーチ

29歳で社長となった私は、桑名市民ホールで「決起大会」を開催しました。全社員に集まってもらい、これからの思いを伝えることにしたのです。あいさつの文章も用意しました。

壇上に立ち、スポットライトを浴びました。壇上からは、集まっている社員一人一人の顔がはっきり見えるのと同時に、衝撃を受けました。全員が不安そうな顔をしていたのです。何か重大発表があるかもしれないというような顔でした。

瞬間的に、私はまず何をしなければならないのかを悟りました。それは「ともかく社員全員を安心させてやること」でした。用意した文章を読み上げても安心させることはできません。29歳の若造がどんな夢を語っても、信用してもらうことなどできないからです。

そこで、私は言いました。

「皆さん。先代は優れた技術者であり、商売人であり、営業のことも、生産技術や設備投資のことも一人でこなし、まさにスーパーマンの働きをしてきました。その先代が急逝し、会社は今、大変な状態にあります」

すると、社員の皆さんは「そうだ」と頷きました。私は続けました。

「でも、皆さん。会社もこのくらいの規模になると、私がどんなに下手な経営をしたとしても、潰すのに3年はかかります。だから私たちには最低でも3年の猶予があるのです」

壇上から社員の皆さんの不安そうな顔を見て、用意していた文章からとっさにスピーチの内容を変更しました。すると社員の皆さんの顔色が変わり始めました。一安心という表情になっていったのです。私は言葉を続けました。

「今は大変なアゲンストの風が吹いています。しかし、変に突っ張ったりしないで、柳のごとく柔軟であれば、根こそぎ持っていかれることはない。明日にも潰れるわけではないのです。以上、終わり」

とっさに考えたこの10分間のスピーチで、とりあえずは社員を安心させることができました。しかし、私には試練が待ち受けていました。仕入れ先や銀行の中には、手の平を返したかのように態度を変えるところがあったからです。

親の七光が消えて後ろ盾をなくしたら、人々は違う態度を取らざるを得ない。これが世間の風なのだと、自覚を迫られることになったのです。

全社員を集めた決起大会を開催し社長就任あいさつ（桑名市民ホールにて）

守・破・離

「私がやらなければ誰がやる」との思いで社長に就任しましたが、振り返ってみれば、そう思っていたのは私だけだったようです。

叔父の光男は、代表取締役副社長で働き盛りの49歳。一方、当時の私は弱冠29歳の世間知らず。誰がどう考えても叔父が跡を継ぐべきですが、当時は誰も「それはおかしい」と言ってはくれませんでした。

このように、意欲はあっても知識や経験が不足していた私は、まずは片っ端から経営の本を読むことから始めました。どの本にも良いことが書いてあり、すべてが正しいと思いました。

その中から、一番自分の感覚にピタッとくるものを選びました。日本経営合理化協会が主催している「一倉定の社長学セミナー」を受講することにしたのです。

社長専門の経営コンサルタントとして知られている先生で、「世の中には良い会社と悪い会社があるのではなく、良い社長と悪い社長がいるだけだ」「成功している会社と、そうでない会社の違いは、やるかやらないかだけの差だ」など、大切なことを端的な言葉で教えてくれる先生でした。

受講生の中には東証一部上場会社の経営者もいれば、私たちのような中小企業の社長もいて、さまざまな人が全国から集まり、そういう人たちと机を並べて勉強するのは新鮮な体験であり、良い刺激を受けました。

生前、父がもっともお世話になり、私の仲人も引き受けていただいた、三楽オーシャンの昆布社長へごあいさつに伺い、貴重なご指導もいただきました。

「私は社長として、何をしたらよいのでしょうか」と尋ねると、「守・破・離」という言葉が返ってきました。武道や芸道の奥義をきわめるための言葉で、まずは師匠に学び（守）、基本ができたら自分のやり方を追求し（破）、こうして独自の方法を生み出す（離）という意味ですが、昆布さんは続けて言いました。

「社長に就任したからといって、先代のやってきたことをすぐに変えてはいけない。人というのは変化を好まないので、就任早々、変革などと言い出したら、人は不安を感じ、不満に思うものです。まずは、周囲を安心させることが大切です」

この教えを守るために、私は現状維持を基本としましたが、実際には次々に新製品開発に挑戦し、とても「守」を実践しているとは言いがたい日々が続いていくことになります。

『一倉定の社長学』。経営者とは何か、社長とは何かを学びました

初めての経営計画書

一倉先生の「社長学セミナー」1年間すべての講義を受講すると、経営計画書を作成する合宿への参加資格が与えられます。私も全講義を受講し、満を持して合宿に参加しました。

会社が進むべき方向性を定め、顧客対応や商品開発、品質管理など具体的な経営方針を定め、計画書を作成していくのです。

私は、それぞれの方針についてタイトルだけは書くことができましたが、そこから先、何を書いていけばいいのか、まったく筆が進んでいきませんでした。大変ショックを受けました。

経営の本を片っ端から読んできましたし、一倉先生の講義も聞いてきたのに、具体的な経営計画を一行も書くことができない。私は私が社長をしている会社のことを、知っているようで何も知らなかったのです。

受講生の中には、私のように初めての人もいましたが、何度も参加していて、毎年の経営計画書を書き上げているベテラン社長もいました。私はその一人にお願いしました。

「どのように書いたらいいのか分からず、参考にしたいので、先輩の経営計画書をちょっと見せてもらえないでしょうか」

真剣に頼み続けた結果、承諾してくれました。読んでみると、いいことがたくさん書いてあるので、私はコレだと思った部分を指さして言いました。

「すみませんが、ここの所をいただいてもいいでしょうか」

その人はあきれたように言いました。

「俺が苦労して書いたものを、そんなに簡単にやれるわけないやろ」

もっともなことですが、私は自力で書き上げるだけの自信がない。だから、その社長の経営計画書の中からココだと思う内容を写し取ろう、と思いました。

合宿会場は、24時間いつでも使用することができました。そこで、私は夜中まで会場に残って、こっそり先輩経営者の経営計画書を読み、これはという部分を見つけると、「ここはいただき」と言わんばかりにノートに書き写していきました。

翌朝、その先輩経営者と目を合わせた時に深々と頭を下げると、私の顔を見るなりニヤリと笑うのです。その先輩には、夜中に私が書き写したことがわかっていたのだと思います。

私が初めて書き上げた経営計画書はこのように、ほかの人の計画書の良い所を糊とハサミで張り合わせて作成したものでした。

糊とハサミで作り上げていった経営計画書

月次の締めに一喜一憂

社長に就任して間もない頃の私の悩みのひとつは、数字から見た会社の仕組みがまだよく分っていないことでした。

例えば月次の締めを行い、先月は黒字だったのに今月は赤字になったとすると、なぜそうなったのか、当時はまったく理解できなかったのです。

このため、月次が黒字になれば、やれやれ良かったと胸をなでおろしますが、赤字になればどうしたものかと思い悩むように、月次の締めを行うたびに一喜一憂する状態が続いていました。

このような状態は大きなストレスを与え、ストレスは日々蓄積されていって、ついには十二指腸潰瘍に悩まされるようになりました。

当時の私は、寝る前にはいつも、枕元にパンと牛乳を用意しておきました。

胃に食べ物がなくなると痛くなってくるので、パンを口に入れて牛乳で流し込むのです。すると、徐々に痛みが治まっていき、その隙に眠ることができるのです。

要するに、当時の私は、売上と利益率と利益の関係がよく分かっていなかったのです。

商品の中には、利益率の高いものもあれば低いものもあります。このため、月次売上が同じであっても、何が売れたかによって利益が変動します。

今から考えればきわめて当たり前なことなのですが、社長に就任して間もない頃の私は、その仕組みがよく分かっていなかったのです。

この仕組みが次第に理解できるようになっていき、商品ごとに利益率が異なっていて、何がこれだけしか売れていないと赤字になり、どういう商品が売れていれば黒字になるのかということが、少しずつ分かるようになってくると、胃の痛みから解放されていきました。

　仕組みが理解できれば、月次の業績が悪い結果に終わったとしても、どうすれば黒字にできるのかを考えることができるので、そうなると経営に対する心の余裕が生まれてきました。

　下手なゴルフを始めたのは、ちょうどこの頃からです。

この頃から始めた趣味のゴルフ。プロデビュー早々の石川遼くん（当時 18 歳）とラウンド

記念のサインボール

不思議な縁と絆

私には2歳年下の千佐子という妹がいましたが、1997（平成9）年に亡くなりました。夫は前副社長で現在は相談役の松下洋三です。二人は見合いをし、1980（昭和55）年4月20日に結婚しました。

松下に一度妹千佐子の見合い写真が回ってきて、その時はスルーしたのですが、別の人からまた同じ写真が回ってきたので、「これは縁があるのかもしれない」と思い、見合いすることにしたそうです。

お付き合いが始まると、両家は似ている点があることが分かってきました。

松下の父親は熊谷組で常務まで務めた人で、トンネルのシールド工法の開発で功績のあった方ですが、父の忠衛と同様、戦時中はエンジニアとして国内工場で尽力したため、兵役をまぬがれることができました。

また、母親の実家はヤマモリと同様に、飯田市で味噌醤油業を営んでおり、子供の頃から味噌蔵や醤油蔵の匂いに親しんできたはずです。

婚約すると、父は松下をヤマモリへ入社させることにしました。跡取りが私一人では心許ないだろうと、義理の息子を迎え入れることにしたのです。後から考えれば、自らの死が近いことを覚悟し、いろいろ考えてのことだったのでしょう。

松下は三男で、家を継がなければならない立場にはなく、父の希望を受け入れてくれました。

それまで彼は長野の山奥でダム工事に携わっていましたが、結婚する前にそこを辞めて、ヤマモリとの付き合いの深い加藤産業へ5年間出向し、食品の修業を積むことになりました。

ところが1982（昭和57）年、5年を待たずして父忠衛が亡くなりました。

命日は5月7日。その日は松下の誕生日であり、そこに縁の不思議さを感じたのは私だけではありませんでした。

先代の急逝という大変な事態であり、松下は加藤産業への出向を中断して、ヤマモリへ戻ってきました。「緊急事態を乗り切り、落ち着いてから戻ってきたのでは、自分の存在価値はない。今、戻るべきだ」と考えての決断でした。

以後、身内としての強い絆で、私とヤマモリを支えてくれることになるのです。

妹千佐子（後列中央）と松下洋三（右端）

サワー飲料を試作

社長に就任した翌年の1983（昭和58）年のある日、三楽オーシャンの昆布社長を表敬訪問しました。

父が大変お世話になり、私の仲人を引き受けていただき、「守・破・離」の極意を伝授してくれた人なので、機会があれば表敬訪問することにしていたのです。

この時、昆布さんの机の上に300ミリリットル入りの瓶が一本置いてありました。とくに目を引く商品ではなく、これといって興味を抱いたわけでもなく、私は何気なく尋ねました。

「これは何ですか」

昆布さんも重要な情報を伝えるという様子はなく、さり気なく答えました。

「チューハイだよ。こんなもので焼酎を割って飲むのが流行っているらしいんだ」

当時、焼酎をレモン果汁と炭酸で割って飲む「チューハイ」という飲み方が、若い人の間で流行し始めていました。

それに目をつけたのが大手酒類問屋の日本酒類販売で、焼酎を割るためのサワー飲料を「ヤエス」というブランドで発売しており、昆布さんの机の上にあったのはそのヤエスサワーだったのです。

果汁入りの炭酸水なので、レモンがなくても簡単にチューハイを作ることができることから、よく売れ始めているとのことでした。

私は酒は飲みませんが、どんな味がするのだろうと思い、試飲してみました。なかなかおいしい、というのが私の印象でした。でもこれで焼酎を割って飲むには、炭酸圧が低すぎるし、果汁感が弱すぎると感じました。

「へぇー、こんなものが売れているのか。チューハイかぁ。なるほど」

私はさっそく、レモン、梅、ライムの3種類のサワー飲料を試作することにし、果汁は最低でも10%、炭酸圧も可能な限り目いっぱい上げるよう指示しました。

その結果、完成した試作品はヤエスサワーよりもおいしいものができました。しかし当初、これを商品化するつもりはまったくありませんでした。ただ、おいしくできたので、昆布さんやほかの人に飲んでもらい、専門家の意見を聞いてみたい、と思っていただけなのです。

そのことが、思い掛けない方向へ大きく進展していくことになるとは、その時は想像すらしていませんでした。

サワー商品化と時を同じくして
主力商品となるそのままつゆシリーズ新発売

セブンマウンテンサワー

サワー飲料の試作品を持って昆布さんの所へ行き、三楽オーシャンの東京支店長にも同席していただいて、試飲してもらいました。

昆布さんは大きく頷き、「君の作ったサワー飲料のほうがおいしい」と言ってくれました。うれしく思っている私に、昆布さんは続けて言いました。

「それで、いつできるのかな」

私は自分の耳を疑いました。試作品は作りましたが、これを商売にすることまでは考えていなかったからです。

ところが、昆布さんはヤエスサワーよりもおいしいと評価してくれて、「いつできるのか」と聞いてきた。ということは、商売になると判断してくれたことになる。そう直感した私は、後先を考えないで即答しました。

「すぐにやります」

こうして、ヤマモリのサワー飲料事業がスタートすることになりました。ブランド名は「セブンマウンテン」としました。

三重県には鈴鹿山脈があります。この中の藤原岳、竜ヶ岳、釈迦ヶ岳、御在所岳、雨乞岳、鎌ヶ岳、入道ヶ岳の7山は鈴鹿セブンマウンテンと呼ばれています。これにちなんで、セブンマウンテンという缶コーヒーをすでに販売しており、サワー飲料もこのブランドを用いることにしたのです。

このサワー飲料事業について、私は社内の幹部に説明しました。すると、「このための設備投資はしないでください」「売るためにセールスを使わないでください」などの注文をつけられました。

要するに、こんな思いつきのような商品が売れるはずがない、事業として成功するはずもない、と誰もが思っていたのです。当然、私も外注工場を起用して商品化するつもりでいましたが、自社のセールスマンを使うこともできません。そこで、セールスは支店長のみに行ってもらうことにしました。

販売するには、焼酎を割るための商品であるため、酒販ルートを確保しなければなりません。これについては、三楽オーシャンから特約店になってもらうための全国の酒問屋を紹介してもらうなど、多大なるご協力をいただきました。

全国の酒問屋は興味を示してくれました。ヒットしているヤエスサワーは問屋の日本酒類販売の商品なので、ほかの酒問屋はサワー飲料を扱いたくても、扱うことができるナショナルブランド（ＮＢ）商品がなかったからです。

鈴鹿山脈の山から名づけた「セブンマウンテン」

偶然から生まれた大ヒット商品

三楽オーシャンに紹介してもらった全国各地の酒販問屋でも、セブンマウンテンサワーの味の評価は上々で、パブリックデザインワークスの三浦正紀先生による提案性の高いラベルデザインも斬新でした。

私は、ヤエスサワーよりおいしくするための工夫を重ねてきたのだから、おいしくて当たり前、と思いました。要するに、完成度に対する自信が生まれ、これならいける、と確信を持つことができたのです。

特約店は1県1社に絞りました。ブームが衰える気配はなかったので、大手の酒販問屋から複数の県で取り扱いたいとの要望が寄せられましたが、1県1社を貫き通しました。

この時、一切妥協しなかったのは大変良い判断だったと思います。厳格に守っていなかったら、どこかの段階で酒販問屋間の価格競争が起こり、値崩れを起こしていたに違いないからです。地元の大手スーパーから食品問屋経由で扱いたいとの引き合いもいただきましたが、勇気をもって断り、酒販ルートでの販売を貫きました。

このようにして全国的な販売網を構築し、1983（昭和58）年、300ミリリットル瓶、500ミリリットル瓶に加え1リットル、1.5リットルのペットボトル商品も発売し、ラインナップを強化しました。それから3年間におよぶ大ヒット商品となったのです。

この成功は、当時のヤマモリにとってきわめて貴重な出来事でした。今だから話せることですが、父から会社を受け継いだ時、経理担当役員から財務内容のくわしい説明を受けて分かったのですが、実はわが社は大きな累積損失を抱えていたのです。

社長に就任したばかりの私にとって、きわめて頭の痛い問題であり、この危機をどのように乗り越えていけばいいのか、悩んでいましたが、セブンマウンテンサワーのヒットによってこの累損を一掃することができ、まさにわが社を救済する商品になったのです。

この時のことを振り返ると、私はとても不思議な気持ちになります。昆布さんを表敬訪問した時、たまたま机の上にヤエスサワーが置いてあり、たまたま「これは何ですか」と尋ねました。

このふたつの偶然がなかったら、サワーのヒットは生まれなかったのです。この世には見えない力、例えばご先祖様の遺徳のようなものが、未熟な私を助けてくれた。そんな気がしてならないのです。

サワーラインナップを強化し、ヒット商品に

相手の立場に立つ

ブームが続いていたので、「セブンマウンテンサワー」はよく売れていましたが、当然その頃には、複数の競合メーカーが参入しており、市場には多くの競合商品が存在していました。

セブンマウンテンサワーの製造は、自社工場ではなく、複数の協力工場に生産を委託していましたが、売れに売れていた状態なので、どの委託先も24時間フル操業を続けていました。このため、これ以上の増産をお願いすることはできません。生産委託先も、すべてのお客さんに良い顔ばかりできない状況でした。

頭の痛いことに、競合メーカーも、私たちと同じ工場に生産を委託していたので、市場での競合だけでなく、商品調達においても競合状態にありました。

こういう状態の中で競争に勝つには、生産委託先の工場に少しでもたくさん作ってもらわなければなりません。すなわち、競合他社よりたくさん生産してもらうことができれば、それだけシェアを高めることができるのです。何をすればいいのか、私は作戦を練りました。

加工賃を上げると、競合他社も上げていき、引き上げ競争が始まってしまいます。何か良い方法はないだろうかと考え、私は相手の立場に立って考えたらどうなるのだろうかと考え、ひらめきました。

ヤマモリも他社の依頼を受けて、ＯＥＭ生産をしています。委託される側として一番嫌なのはどういう時だろうか、と考えてみました。それは、日曜日まで返上して、割増人件費も負担して、24時間フル操業で作った製品が、売りも立たずに、倉庫に残っていることではないだろうかと。

そこで私は、その月に生産した製品は全量を買い取ることにしたのです。全量を買い取るだけでなく全量を引き取り、月末にはその月に生産した製品がすべて売れて、倉庫が空になっている。委託を受けた側として、これ以上気持ちの良いことはありません。

この作戦はうまくいき、協力工場はセブンマウンテンサワーを少しずつ多く生産するようになっていき、高いシェアが獲得できたのです。

毎年、年度初めに経営計画発表会を開催

タイとの出会い

ヤマモリは、タイで醤油と食品を製造しているのに加え、タイとの文化交流にも力を入れています。業界では「タイと言えばヤマモリ」と認知されつつあり、こうしたことから外食産業のタイ進出のお手伝いもしてきました。

このように切っても切れないタイ、初めて訪れたのは1987(昭和62)年、今から30年以上も前のことです。その2年前にプラザ合意がなされ、急速な円高が進んでいましたが、海外へ生産拠点を移そうという動きはまだ本格化されていない時代でした。

タイ訪問のきっかけはある会合の立ち話で、さんわコーポレーションの古川隆社長(現在の取締役)から、「タイのブロイラー加工工場に出資しているので、みんなで見に行きませんか」と誘われたことでした。私にとって、初めての東南アジアがタイでした。

訪問先のブロイラー加工工場を見て、私は驚きました。カギに吊るされている鶏が動いていき、ラインに並んでいるたくさんの人によって次々に解体され、モモ肉やムネ肉に切り分けられ、細かくした肉を計量して、素早く串刺ししたりしていくのです。

まさに人間オートメーションとでも言うような圧倒的な人の力を目の当たりにして、「これでは日本はコスト面では勝てないな」と思いました。

しかも、暑い国でエアコンがないにもかかわらず、作業場はひんやりしているのです。なぜかというと、床には氷が敷き詰められ、高い天井が網戸になっているので、熱気が上へ抜けていき、冷気が作業場に残っているからです。昔の氷の冷蔵庫の中にいるようなものです。

ほんのり次亜塩素酸の臭いが漂っていて腐敗臭もなく、このようなやり方で良好な作業環境をつくり上げていることにも驚きました。

タイは素晴らしい国だ、とすっかりほれ込みました。日当はきわめて安く、当時はまだ貧しい国でしたが、微笑みの国と言われるだけあって、街の雑踏を行き交う人たちの表情は明るく、活気に満ち溢れていました。

何か懐かしい古き日本の良さみたいなものを感じ、「この国はこれから間違いなく発展していく」と直感しました。

暁の寺ワットアルンからチャオプラヤー川を臨む

タイでの一大プロジェクト

タイへ初めて訪れた翌年の１９８８（昭和63）年、私はあいさつのために日清製粉の正田修社長（現在の日清製粉グループ本社名誉会長）を訪問しました。その時、意見を求められました。

「海外事業についてどう思いますか」

「海外事業と言ってもいろいろですが、どういう事業をお考えでしょうか」

「将来は現地販売もあると思うが、当面は生産基地です。どこの国がいいと思いますか」

私は躊躇なく答えました。

「それならタイではないでしょうか」

「あなたもそう思いますか、私もそう思います」

ということで意気投合し、しばらくタイ談義に花が咲きました。

当時は東南アジアに生産・販売拠点を持って活動している食品メーカーは、キッコーマンや味の素くらいでしたが、急速な円高の進行に対応するため、日清製粉も海外生産に乗り出すことを検討していたのです。

「ところで、海外の工場で何を造るのでしょうか」と質問しました。

「缶入りのミートソースです」

私は一瞬どきりとしました。日清製粉の缶入りミートソースは、ヤマモリの松阪工場で生産を引き受けていたからです。タイへ出て行かれては、仕事が無くなってしまう。だからといって、生産を委託されている立場で、止めてくださいと言うわけにもいかない。

私はとっさの判断で、こう申し上げました。

「私どもでお役に立てることがございましたら、何なりとお申し付けください」

すると、正田社長はおっしゃいました。

「うちは乾き物（粉製品やスパゲティーなど）には自信があるが、（ミートソースのような）ウエットな商品については技術も設備もない。だからあなたのところに頼んでいるのですよ。あなたのところが出る気があるのなら、一緒に出るのはどうですか」

こうして、タイでの一大プロジェクトがスタートすることになりました。

当時の私は、そこまでは考えが及びませんでしたが、後から考えてみると、日清製粉グループの実力からすれば単独で工場進出することは十分に可能であり、一緒に出ようと言っていただけたのは、ヤマモリを心配しての正田社長の親心にほかならなかったのだと思います。

広大な敷地にて談笑する正田社長（右）と筆者（左）

タイ日清製粉工場竣工式

タイ日清製粉に出資

会社へ戻った私が取締役会で報告すると、総反撃にあいました。

「社長、そんな大変なことをなぜ勝手に決めてきたのですか。社内へ持ち帰って検討すると、なぜ言わなかったのですか」

もはや後戻りはできないし、こっちはこっちで必死であり、カチンと来たので、私は思わず言いました。

「相手もトップ、こちらもトップ。そのトップ同士が差しで決めたことを、持ち帰るなどと言えるわけないやろ」

こうして1988（昭和63）年、「タイ日清製粉」（資本金5億円、日清製粉55％、ヤマモリ35％、タイ三菱商事10％）を合弁で設立し、タイで新工場を建設することが意思決定されました。

同じ年に、わが社はヤマモリ食品工業から「ヤマモリ」に社名を変更しました。「食品」の2文字を外したことには「何にでも挑戦できる会社になる」という大きな意味を持たせました。

現地でのフィージビリティースタディーと工場建設用地の選定などに関わる、日清製粉グループの担当窓口責任者は、当時計画課の係長だった池田和穂氏でした。後に日清フーズの社長、会長、日清製粉グループ本社の副社長になる人です。

当時私は35歳、池田さんは41歳、6歳年上の先輩でしたが、私は生意気にも「池ちゃん」と呼ばせていただき、工場用地探しなど、常に現地で行動をともにしました。若い二人は昼間だけでなく、夜は夜で一緒にアクティブに行動しました。

プロジェクト終了後も付き合いは続き、池田さんが名古屋支店の営業部長就任の発表があると、直ちに電話があり、「名古屋に着任することになったので、飯屋とマッサージ屋を教えて欲しい」とのご下命をいただきました。

「何なりと、お申し付け下さい」と私は答えました。

本当に素晴らしい人で、ある時私は「いろいろな人に会ってきたが、池ちゃんは別格です。間違いなく出世して、なくてはならない人になられると思います」と申し上げました。

その後、とんとん拍子で出世されていき、ある朝、新聞を見ていたら日清フーズ社長就任の記事が載っていました。

私はうれしくなり、早朝でしたが思わず池田さんの携帯に電話をしました。お祝いの電話の第一号とのことでした。池田さんには、本当にお世話になりました。

タイ日清製粉の合弁調印式（前列左から松山三菱商事食糧担当常務、正田日清製粉社長、筆者、後列左端は池田日清製粉計画課係長）

タイからの提携話

1995（平成7）年のある日、加藤産業の永谷相談役（当時）から電話があり、耳寄りな情報がもたらされました。

バンコクから北へ約1千キロ、タイ最北部にチェンライという都市があります。

タイ、ラオス、ミャンマーの3カ国がメコン川で接する山岳地帯にあり、ここは昔からゴールデントライアングル（黄金の三角地帯）と呼ばれ、これといった産業もなく、そこで暮らす少数民族の人々は現金収入を得る手段がなかったため、麻薬の原料であるケシを栽培していました。

これではいけないという国王の命を受け、ロイヤルプロジェクトが動き始めました。その一環として、チェンライで広大な土地を所有し、ビールの原料となる大麦を栽培していた「ノーザンフードコンプレックス社」は、さらに新たな雇用を生み出すために、イチゴやバラの栽培も行っていました。

バラは香水の原料に、イチゴは砂糖漬けに加工するなど、いろいろなものを栽培して加工していたのです。

加藤産業には「Ｋａｎｐｙ」という自社ブランドのジャム製品があり、ジャムの原料として、ノーザンフードコンプレックス社からイチゴの砂糖漬けを輸入していました。

ところで、タイには「シンハー」ブランドで知られている国民的ビールがあります。製造しているのは、タイの大手財閥で最も古い最大手のビールメーカー「ブンロート・ブリュワリー社」です。

オーナーとしてグループを率いていたのは、ピア・ピロムパクディー会長で、ノーザンフードコンプレックス社は、そのピア会長が個人で所有している会社でした。

ピア会長は、醸造技術者でもあったことから、ブンロート社のビールモルトを原料にした醸造調味料づくりも行っており、このモルトソースの品質向上と安定生産を実現するために、近代的な設備を整えるとともに、日本の醤油メーカーの技術を導入したいと考えていました。

そこで、タイを訪れた永谷相談役に「提携先の醤油メーカーを紹介して欲しい」と依頼しました。

永谷相談役は、ヤマモリがタイでのミートソース缶詰の製造に携わっているのを知っていたので、「三林君、この話、興味あるか」と、私の所へ打診の電話をしてきたのでした。

私は突き動かされるものを感じ、直ちに「興味あります」と答えました。

ブンロート本社にて（左からＢＢグループ社のマノップ社長、筆者、ブンロート社のピア会長、三浦先生、下鳥部長、青木課長）

ピア会長との出会い

雲を掴むような話でしたが、私は提携先として立候補しました。しばらくして、ピア会長は製造現場を視察するために、ヤマモリ本社にやって来ました。初めてお目にかかったピア会長は、センスのいい、気品漂う紳士でした。しかし、桑名工場を見てもらうと、ずいぶん小さな工場だと思われたのか、がっかりした様子で言いました。

「わが社はタイでナンバーワンのビールメーカーだ。醤油で組むならば業界のトップ企業がふさわしい」

私は「ならば、そうなさればいいでしょう」と申し上げました。

すると、ピア会長の顔色が変わりました。タイの大財閥との提携話であり、もみ手で商談を成立させたいと願っているに違いないのに、私のあまりにもそっけない態度に驚かれたようでした。

そんな私に興味を示したのか、ピア会長は質問してきました。

「業界の最大手とあなたの会社と、どこがどう違うのですか」

「原材料も醸造技術も、それほど違いはないでしょう。しかし、日本国内で3割以上のシェアを持つトップ企業は、当然のことですが商品にも製造技術にも自信とプライドを持っています。だから、タイでも自らの味にこだわり、それを再現しようとするでしょう。しかし、シェアが1・5%か1・6%のわが社は、タイの人たちに自分たちの味を押し付けるような真似はしません。タイの人が好む味の醤油を造ります」

私の説明をどう受け止めたのかは分かりませんが、こうしてピア会長との初めての面談は終わりました。

2回目の面談はタイで行われましたが、その前に私が書店に立ち寄った時、

『タイの財閥』という本を見つけ、それを読んで驚きました。

ピア会長の率いるブンロート社は、1933年にピア会長の父であるプラヤ・ピロムパクディー氏によって設立された会社で、立志伝中の人として小学校の教科書に載っているようなすごい名家の会社だったからです。

私はタイを訪れ、ピア会長にお会いした時、「先日は大変、失礼いたしました」と謝罪しました。すると、ピア会長は驚いたようにおっしゃいました。

「あなたは本当に私のことを知らなかったのですか」

「タイの財閥という本を読んで、ピロムパクディー一族や御社の歴史などをくわしく知り、改めてすごい会社だと知りました」と答えました。

そんな私のことをおもしろがり、「一緒にやろう」ということになったのです。

タイ醤油工場の竣工披露パーティーでピア会長と談笑する筆者（右）

タイの醤油事業がスタート

ピア会長との合意により、タイでの醤油事業に着手することになりました。通常ならブンロート社とヤマモリが合弁会社を立ち上げるのですが、それとは異なる形で進めることになりました。ピア会長が「会社を巻き込めば、ブンロートに関わる一族に説明して了承を求めなければならず面倒だ」として、個人の事業として行うことにしたからです。

さらに、「私の土地なので工場はこちらで建設する」と言って、建物や生産設備の一切は、ピア会長の会社であるノーザンフードコンプレックス社が全額投資することになりました。

その結果、ヤマモリは工場を運営する「ヤマモリトレーディング社」をピア会長と設立することになったのです。すなわち、大きな資金負担もリスクもない身軽な形で、タイでの醤油事業を立ち上げることになりました。縁をつないでいただいた加藤産業にも株主として参加してもらうことにしました。

いよいよ工場の建設が始まりました。チェンライは空気も水もきれいな所でしたが、雨季であったため、豪雨の長期化で建設は大幅に長引くことになりました。

準備の進む中、シンハービールを扱う代理店の人たちと食事をする機会があったので、私は尋ねました。

「ブンロートが醤油を売るという話、聞いてますか」

「聞いているよ」と言うので、続けて質問しました。

「どうやって売るの」

「そうだな。ビール10ケースに、醤油を1ケース付けて売ろうかな」と言うのです。

「これはダメだ」と私は思い、売れなくて真っ黒に変色している醤油がスーパーの片隅に積み上げられている光景が、目に浮かびました。

そこで、私はピア会長に提案しました。

「タイに進出している日系企業向けの販売は私のほうが担当しますから、タイのローカル市場の開拓はそちらでお願いします」

「売ることができるのか」と問われたので「売ります」と答えました。

提案は受け入れられ、ヤマモリトレーディング社は、醤油工場のオペレーションと日系企業向けの販売に専念することになりました。

1996（平成8）年、キャパシティ1500キロリットルの醤油工場が完成し、仕込みを開始しました。当時、海外で醤油を生産していた日本の醤油メーカーはキッコーマン、ヤマサ、マルキン、正田醤油、サンジルシと少なく、そこにヤマモリが加わることになったのです。

現地生産した醤油がタイ市場で拡大し、後に釜めしも販売

田中会長との出会い

ヤマモリトレーディング社には製造技術責任者を派遣していましたが、ピア会長と日系のお客さんの開拓を約束していましたので、現地責任者と一緒に私自身もトップセールスを行いました。

タイへの定期訪問は私の楽しみのひとつになりました。なかなか注文をもらうことができませんでしたが、現地を訪問すれば日本では得られない多くの情報が入手できました。

当時バンコクには、新大黒、将軍、日本亭という日本食の高級レストランがありました。ロイヤルファミリーや警察の幹部などが利用するような店です。

新大黒のオーナーは、邦銀の銀行マンだった田中健二という事業意欲の旺盛な人で、経営の多角化に力を入れており、日本人駐在員御用達の「築地寿司」

という高級寿司店やカラオケクラブ、タイ人向けの日本食レストラン「ＦＵＪＩレストラン」を展開していました。私は訪タイするたびに、田中会長にお目に掛かっていました。

ある日、困りごとの話をうかがいました。ＦＵＪＩレストランが４店舗目になった頃から、店によって味が違うとのクレームが寄せられているというのです。そこで、仕入れについて尋ねると「板場に任せている」とのことなので、私は次のように提案しました。

「同じ味にするには食材を統一する必要がありますが、生鮮品の仕入れは各店舗に任せるとして、味の決め手となる調味料だけでも本部支給にしてはどうでしょうか。よろしければ、ＦＵＪＩレストランに合った醤油を供給します」

「わずか４店舗でも、オリジナルの味を造ってくれるのか」との問いに、私は「もちろんです。何でもやります」と即答しました。

私は準備に取り掛かりました。タイの人は旨みが強くて塩分の少ない味を好むので、低塩で特選グレードの専用醤油を開発し、「FUJIスペシャル」と名づけました。すると味のばらつきがなくなり、クレームも減って、田中会長は「これでチェーン展開できる」と喜んでくれました。

今ではFUJIグループはタイに留まらず、日本やASEAN地域で150を超える店舗を運営する一大チェーンとなり、田中会長との出会いは、その後のタイでのヤマモリの発展にきわめて大きな意味を持つことになっていくのです。

田中会長は、お洒落で若々しく、私は公私共に大いに刺激を受け、今では勝手に、会長の舎弟を自認しています。

タイを代表する大手和食レストラン
チェーン「ＦＵＪＩレストラン」

田中会長（右）との合同誕生日会
田中会長２月 11 日生まれ、筆者２月 13 日生まれ

アジア通貨危機という神風

ＦＵＪＩレストランはタイの醤油事業の最初の得意先であり、続いて日系食品問屋の神戸屋食品との取引も始まりました。神戸屋食品には２０１１（平成23）年に資本参加し、ヤマモリトレーディング社が19％を出資し、さらに関係を強化しました。

１９９７（平成９）年７月に、米国のヘッジファンドなど機関投資家がアジア各国の通貨を空売りしたことにより、タイをはじめアジア各国の通貨が暴落し、深刻な金融危機に見舞われました。アジア通貨危機の始まりです。タイでは１バーツ５円が、２・５円になりました。

タイでの醤油事業のパートナーであるブンロート社も大きな影響を受けました。タイでの醤油販売開始直後のバーツ暴落に我々は衝撃を受けましたが、日本およびシンガポールからの輸入醤油が主たる競合となる加工食品工場向けの醤油において、販売面のみを見れば、ヤマモリトレーディング社の醤油販売にとっては追い風というより「神風」になりました。

あられや焼き鳥に使用する醤油を日本から輸入する時、30％以上の関税がかかりますが、加工した製品を日本に輸出する時、関税分が政府から返還される仕組みになっていました。いわゆるＶＡＴリファンドです。その返還が通貨危機で滞るようになってきたのです。

現地の食品加工工場は決算書類上では黒字であっても、キャッシュフローがマイナスに陥っていました。タイで現地生産しているヤマモリの醤油を使用することで、それらの問題を一気に解決することができるのです。

パーツ暴落は、タイ産醤油の価格競争力を高めることにもなりました。そこで、タイで製造しているヤマモリ醤油を使って欲しいと提案しました。

現地の加工工場はヤマモリの醤油を使って試作品を造り、日本の本社へ送ると、「おいしいじゃないか」「問題はない」との回答が得られ、ヤマモリトレーディング社の本醸造醤油が本格的にタイの加工食品工場で採用され、売り上げを大きく拡大していく契機になったのです。

現地の加工工場は、それまでは日本から20トンコンテナー単位で醤油を輸入していましたが、タイ国内のヤマモリの工場から必要な量だけ調達できるようになり、原料醤油のフレッシュローテーションも確立することができました。

ヤマモリオリジナルの醤油さし（ホテルオークラバンコクの日本料理店「山里」にて）

合弁事業の解消

アジア通貨危機は、ヤマモリトレーディング社にとっては、日系企業への醤油の販売を軌道に乗せる神風になりましたが、事業パートナーのピア会長は大きな打撃を受けました。

ピア会長の率いるブンロート・ブリュワリーグループは、ホテルやレストラン、外食、不動産開発事業など多角的な事業を展開しているタイを代表する大財閥のひとつですが、タイ国内の経済低迷に加えて、バーツがドルに対して2分の1、3分の1に下落していけば、ドル建ての借り入れの返済額が一気に2倍、3倍に膨れ上がっていくことになるのです。強烈なアゲンストの風にさらされることになりました。

ピア会長の苦難はさらに続きました。

1995（平成7）年、メコンウイスキーを製造販売していた大手アルコール飲料会社タイ・ビバレッジ社が格安ビール「チャーン」を市場に投入してきました。平均所得の低い農村地域で爆発的にヒットしたことにより、シンハービールは一気に市場でのシェアを奪われました。

やむなくブンロート社も格安ビール「レオ」を市場に投入して対抗しましたが、投入時期の遅れと自社ブランド「シンハー」とのカニバリ（共食い現象）をおこし、ビール事業の低迷に拍車をかけていきました。ついには首位から陥落し、赤字に転落することになりました。

チェンライの醤油工場の土地建物や設備を所有しているノーザンフードコンプレックス社も、ドル建てで借り入れた資金で設備投資をしていたため、赤字が続く事態となり、累積損失を抱えてリストラを余儀なくされました。その結果、ヤマモリとの醤油事業の見直し交渉が始まったのです。

ピア会長は、多額の負債を抱えているノーザンフードコンプレックス社の株式を100%買い取って欲しい、と要請してきました。しかし、それだけの資金があれば、チェンライのような地方都市ではなく、バンコク近郊で工場を建設することができます。到底応じることはできませんでした。

デリケートな交渉は2年間にわたって行われ、2002（平成14）年に一応の決着を見ることになりました。ヤマモリトレーディング社の株式のうち、ピア会長の持ち株のすべてを買い取ることになり、これで、ピア会長との合弁事業は正式に解消されることになったのです。

ヤマモリトレーディング社オフィスからの眺望

ＡＱＹソース社を設立

ヤマモリトレーディング社の株式を全額買い取り、ピア会長との提携は解消しましたが、ノーザンフードコンプレックス社のチェンライの醤油工場には、引き続きヤマモリの製造技術者を常駐させ、ＯＥＭ生産という形で醤油を製造して、取引先への供給を続けました。この結果、ヤマモリトレーディング社は工場の運営会社ではなく、販売会社に形を変えることになりました。

しかし、ノーザンフードコンプレックス社と毎年、生産委託契約を更新することになっていたため、常に供給面での不安がつきまとっていました。現地で販売に携わっていた社員は、生産委託契約の制限があるため、拡販したくてもできないという大きなストレスを抱えるなど、非常に不安定な状態が続いていました。

これを解消するには、自前の工場を建設して、しっかりした醤油の供給能力を確保する必要があります。このため、バンコクに工場を建設しようという考え方に傾いていきました。

とはいうものの、ノーザンフードコンプレックス社との製造委託契約更新ができずに生産を打ち切ると言われたら、醤油の供給が滞ってしまうリスクが伴うのです。

ある日、そんな私の所にタイ味の素の三本社長から連絡が入りました。「醤油の工場が欲しいと言っていたけど、一緒にやらないか」と言うのです。

話の内容は「Ｈｉ－Ｑ　Ｆｏｏｄ　Ｐｒｏｄｕｃｔｓ社」というタイの食品メーカーが、中国醤油を造ろうと台湾から設備を入れたものの、現在、遊休工場になっており、「ここの設備を使えないだろうか」というものでした。

さっそく現地に製造技術者を派遣し、検討を開始しました。相当額の真水の資金を入れてテコ入れしなければならないと思いましたが、すでに土地と建物があることと、従業員がいることが決め手となり、話を前に進めることにしました。

交渉は順調に進み、２００４（平成16）年、味の素セールスタイランド社、Ｈｉ－Ｑ社、ヤマモリの３社による合弁会社「ＡＱＹソース社」を設立する運びとなりました。

さっそく工場建屋の増設と生産設備の増強に着手し、困難の連続でしたが、突貫工事でキャパシティ２５００キロリットルの醬油の製造工場を立ち上げることができ、こうして販売拡大のための製造拠点を確保することができたのです。

バンコク近郊に新たに設立した醤油製造の合弁会社「ＡＱＹソース社」

「タイカレー」と命名

タイに関しては、現地での醤油の製造と並行して、もうひとつの事業を推進しました。ヤマモリはタイでは日本の食文化を代表する醤油を普及させようとしていますが、タイの食文化も正しく日本へ伝えるべきではないか、と考えたのが発端でした。

そこで、日本で販売されているタイフードを調べてみました。タイ国内で販売されている商品を輸入し、それにシールを貼っただけの商品がほとんどで、当時の日本国内にはタイフードのマーケットはないに等しい状態でした。

成熟した日本の消費者にタイフードを受け入れてもらうには、日本の市場で要求される水準の品質や安全性を実現するのみならず、包材の使いやすさやデザインも工夫しなければならないと、私は考えました。

そこで現地の工場で製造し、現地の味を忠実に再現するのと同時に、日本並みの品質を追求していくとの方針を打ち立てました。

次に何を作るかですが、日本でもっとも受け入れられやすいのは国民食とも言うべきカレーではないかと考え、第1弾として、タイの新鮮なハーブとスパイスを使ったタイの伝統的な煮込み料理を「タイカレー」の商品名で販売することにしました。

それまで世の中に「タイカレー」という言葉はなく、ヤマモリが考え出したのですが、後に商標登録をしようとした時、「これは一般的に使われている言葉なのでできません」と言われてしまいました。それくらい一般的な呼び名になったのです。うれしいような残念なような出来事でした。

商品化にあたっては、グリーンカレー、レッドカレー、イエローカレーの3品を開発し、製造は出資しているタイ日清製粉にお願いしました。ミートソース缶詰を前倒しで製造していただき、タイカレー製造のためのライン確保と製造日を確保してもらったのです。

2000（平成12）年のことで、これを機に、「ヤマモリは食を通してタイと日本の懸け橋になる」という明確なビジョンを打ち出しました。

最初に扱ってくれたのは、高級スーパーの成城石井で、その後、クイーンズ伊勢丹、イトーヨーカ堂など首都圏の売り場に並び始めました。また、この年に「第1回タイフードフェスティバル東京」が代々木公園で開催されることを知り、ブース出店してタイカレーのＰＲに努めました。

タイ語も併記した発売当初の「タイカレー」のパッケージ。
デザインは三浦正紀先生にお願いした

創業以来初の「回収告知」

2001（平成13）年7月、タイで製造して輸入販売していたレッドカレーに、日本では未承認の食品添加物ポリソルベート（世界的には承認されている食品添加物）が混入していることが判明し、回収しなければならない状況に直面しました。

東京で主力特約店の専務さんとの会食中に緊急の電話があり、その事実を知ることになりました。私にとっては、まさに青天の霹靂で耳を疑いました。中座して電話を受けましたが、内容が内容だけにかなりの長電話になってしまいました。お客さんを待たせている失礼と、即座に意思決定しなければならないという狭間で、本当に「こりゃまいった」と思いました。

そこで出した結論は、市場に出回っている該当ロットのレッドカレーだけを回収するのは極めて困難で、かえって混乱を招きかねないと判断し、店頭のレッドカレーに加えて、ほかのタイカレー3品もすべて自主回収することを決断。7月13日にわが社では創業以来初の社告「回収告知」を出しました。

食品添加物ポリソルベートは、日本では食品に使用することは認められていませんでしたが、医薬品に使用することは認められていました。私は納得がいかなかったので、保健所でそのことを指摘して尋ねました。

保健所の答えは「私たちは法に従っているだけです。悪く思わないでください」でした。

この素早い決断で、最小の混乱で回収作業は順調に進みましたが、まったく関係のない他社の商品を含む大量の商品が返品されてきました。社員は、市場から回収・返品されてきた大量の商品を整理するのに大変でした。

私はポリソルベートが表示されている栄養ドリンクを大量に買ってきて、「これを飲んで頑張ってくれ」と差し入れました。

市場からは見事で潔い回収だと評価されましたが、市場からすべてのヤマモリのタイカレーが消えたのですから、大変なダメージでした。

イトーヨーカ堂のバイヤーからは「ヤマモリのタイカレーはレトルトカレー売り場にとって収益商品であり必要な商材なので、1日も早い再発売を待っているから」と勇気づけられました。

体制を整え直し、再発売にこぎつけるのに約半年を要しました。その間、私がもっとも懸念していたことは、ヤマモリがタイカレーを休売している間に他社が参入してこないだろうか、ということでした。再販開始後は信用回復に努め、以前にも増してタイカレーの拡販に力を注ぎました。

創業以来初の「回収告知」

お詫びとお知らせ

お客様各位

平素は弊社製品に格別のご高配を賜り、厚く御礼申し上げます。

このたび弊社輸入商品である「タイカレー・チキンレッドカレー」が神奈川県衛生研究所の検査において未承認添加物「ポリソルベート」の混入が判明いたしました。

この物質は、FAO（国連食糧農業機関）／WHO（世界保健機構）による安全性評価のもと、米国はじめ諸外国においては使用されており、直ちに健康への影響はないと考えられております。しかしながら、日本では食品添加物として承認されておりませんので、現在全力をあげて混入の経路、実態について調査しております。

お客様やお取り引き先様の皆様に多大なご迷惑をおかけしますことを深くお詫び申し上げます。

お手元に該当の商品がございましたら、大変お手数ではございますが、回収にご協力賜り、左記送付先に料金着払いでお送りいただきますようお願い申し上げます。後日、品代金をお送りさせていただきます。

弊社といたしましては、今後より一層の品質管理に努めてまいる所存でございます。なにとぞご理解とご協力を賜りますようお願い申し上げます。

記

■対象商品

「タイカレー・チキンレッドカレー」

■自主回収商品

「タイカレー・チキンイエローカレー」
「タイカレー・チキングリーンカレー」
「タイカレー・蟹と卵のカレー」

■お問い合わせ先・商品送付先

ヤマモリ株式会社　お客様相談室
〒511－8533
三重県桑名市森忠四六五－四
フリーダイヤル　0120－049016
（受付時間　午前9時－午後8時）

平成十三年七月十三日

ヤマモリ株式会社

２００１年7月13日の社告「回収告知」

サイアムヤマモリ社を設立

タイカレーは日本のカレー文化に一石を投じ、「タイカレー」という商品名が一般名称になるくらい認知されてきました。さらに拡販していくには、タイ日清製粉の工場での生産に頼るのではなく、フレキシブルな対応が可能な生産体制を自前で整える必要があります。

そこで、2004（平成16）年、日本向けのタイカレーのみならず、タイ国内やASEAN諸国向け商品の生産拠点として、ヤマモリ全額出資の「サイアムヤマモリ社」（資本金約5億円）を設立し、ラヨーン県にあるイースタンシーボード工業団地に約8千坪の用地を取得して、新工場を建設しました。

ちなみに「サイアム」とは、いにしえのタイ国名「シャム」のことです。

この新工場は、ヤマモリが単独で開設した海外初の生産拠点となりました。

また、この年には3社合弁による醤油の生産会社「AQYソース社」を設立しているので、タイで新会社2社を立ち上げたことになります。

さらに同年、タイとの文化交流でも新たな取り組みが始まりました。

当時のタクシン政権は、タイ文化を世界へ広めていくという政策を打ち出し、世界中でタイ料理のレストランを5千店開設していくことを目指していました。

この政策を受けて、私は駐日タイ王国特命全権大使のカシット・ピロム大使(後にタイ外務大臣を務めた)から、「日本でタイフードを広めるにはどうしたらよいだろうか」との相談を受けました。

私は「まずはタイがどういうものかを知ってもらい、タイのファンを増やすことから始めてはどうでしょうか」と申し上げました。

そして、これを具体化するために、ヤマモリと米穀製品専門商社の木徳神糧が中心となって、在東京駐日タイ王国大使館との共催による「第1回タイ料理の夕べ」を大使公邸のお庭で開催しました。

タイ料理の知名度を高めるには、流通産業の商品部にタイ料理への理解を深めてもらうことが不可欠であるため、小売業や外食など流通産業のキーマンをお招きし、タイの食と文化に触れてもらいました。以来、この催しは毎年開催しています。

民間企業が大使公邸を会場としてこのような催しを継続開催している例はほかになく、歴代大使との友好の証でもあります。

タイの魅力を広く伝えるため、毎年、タイ王国大使館大使公邸にて「タイ料理の夕べ」を開催

タイ大使館ホールにて乾杯
前列左から筆者、バンサーン大使（当時）、木徳神糧平山社長

食を通してタイと日本の懸け橋になる

「第1回タイ料理の夕べ」を開催した翌年の2005(平成17)年、私はスウィット・シマサクン特命全権大使から、この年に開催していた「愛・地球博」の期間中に、名古屋でも「タイフェスティバル」を、との依頼を受けました。

そこでヤマモリが中心になり、十分な準備期間がなかったことから、CBC名古屋夏祭りに相乗りする形で「第1回タイフェスティバル in 名古屋」を久屋大通テレビ塔広場で開催しました。

以後、「タイフェスティバル」は、駐日タイ王国大使館、愛知県、名古屋市、各種団体の後援を得て、ボランティアの実行委員会を組織し、毎年開催。2019(令和元)年で第15回目を迎えました。

また、名古屋市・納屋橋にある旧加藤商会ビル(旧タイ王国名誉総領事館)

が国の登録有形文化財に指定されたことを受けて、名古屋市はこの建物を修復保全し、民間に貸し出すことになりました。

ビルを建設した加藤商会はタイ米の輸入商社であり、当時のシャム国（現在のタイ王国）の領事館事務所としての役割も果たしていました。そうした歴史を考えれば、フレンチやイタリアンのレストランにするわけにはいきません。そこで、タイ料理レストランのプランを作成してエントリーしたところ、その案が通りました。

どのような店にすべきかについては、タイ料理と言えば、日本では一般には屋台料理を思い浮かべる人が多いのでしょうが、宮廷料理の伝統があるタイにはタイならではの高級レストランがあり、そのようなタイ料理店は、東京にはあっても名古屋にはありません。

そこで、本格的なタイ料理を提供する店にしたいと、タイ料理の大家であるドクター・シーサモン・コンパン女史に相談したところ、5つ星ホテルに入っている店のシェフを招くべきとのアドバイスを得ました。

そして、シェラトン・グランデ・スクンビット・バンコクの「バジル」という有名店を紹介してもらい、そこのナンバー2のシェフ、パカマス・タンシリピンヨーさんに来ていただいて、本格的な高級タイ料理店「サイアムガーデン」をオープンしました。

この店は、後にタイ王国商務省からタイセレクトプレミアムレストラン（日本国内には14店舗のみ）に認定され、タイの食文化を日本に伝える役割を果たしています。

2018（平成30）年には、東京ミッドタウン日比谷2階にカジュアルなタイ料理レストラン「プーケットオリエンタル」もオープンしました。

サイアムガーデン開店祝賀パーティー　左３人目からシントン・ラーピセートパン公使（現在の駐日タイ王国特命全権大使）、スウィット・シマサクン大使、筆者、シーサモン・コンパン女史

サイアムガーデン、国の登録有形文化財に指定されている建物

拡大を続けるタイビジネス

タイ国内の醤油ビジネスは順調に拡大していき、増産に次ぐ増産を重ねていきました。その結果、現地で醤油を製造していた合弁会社「ＡＱＹソース社」の工場は４８００キロリットルの生産能力を備えていましたが、その能力を超える勢いで販売量が増加していったのです。

そこで、ＡＱＹソース社を円満かつ計画的に解散することにし、２０１３（平成25）年、新たにヤマモリ１００％出資の醤油製造会社「ヤマモリタイランド社」（資本金約20億円）を設立しました。

すでにサイアムヤマモリ社がイースタンシーボード工業団地内に約8千坪の用地を取得して食品工場を操業していましたが、同社から未使用地約5千坪を譲り受け、隣接地に最新鋭の設備を備えた醤油工場の建設に着手しました。多額の投資を伴う大きな決断でした。

これにより、ヤマモリのタイ事業のふたつの柱、すなわち食品製造の「サイアムヤマモリ社」と醤油製造の「ヤマモリタイランド社」の生産拠点が、同じ工業団地内に集結することになりました。

ヤマモリタイランド社の工場は、2015（平成27）年に完成し、本格的な醤油の生産を開始しました。その後、タンクの増設などの追加投資を行った結果、最大キャパシティが1万キロリットルに迫る工場になっています。さらに、この工場は2017（平成29）年に、海外の醤油工場では初のJAS（日本農林規格）認定工場になりました。併せてハラール認証も取得しました。

また、解散したAQYソース社の工場では、タイ味の素の「たくみあじ」というブランドの和風調味料を受託生産していましたが、AQYソース社の解散に伴って、この生産をサイアムヤマモリ社が引き受けることになり、工場を増改築して、調合ラインとボトル充填包装ラインを増設し、供給を開始しました。

同年、タイ国科学技術省傘下のタイランド・サイエンスパーク内に研究開発のための「ヤマモリR&Dセンター」を開設し、タイ国内の食品系主要大学との共同研究をスタートしました。深くタイのマーケットに切り込んでいくには、生産活動や販売活動に止まらず、研究開発も現地化する必要があるとの考えに基づくものです。

続いて、イースタンシーボードⅡ工業団地に、将来に備えて約1万坪の用地を取得しました。

イースタンシーボード工業団地内に建設した２工場（手前がサイアムヤマモリ社、奥がヤマモリタイランド社）

BIOTEC PILOT PLANT、この施設内にヤマモリＲ＆Ｄセンターを設立

タイと三重県との交流のパイプづくり

「タイフェスティバル」や「タイ料理の夕べ」の開催などを通じて、私は歴代の駐日タイ王国特命全権大使と親しくお付き合いさせていただいており、このことがご縁となって、タイと三重県との交流のパイプづくりのお手伝いをさせていただくことになりました。

私は歴代大使に「在任中に、ぜひ一度は伊勢神宮には行くべきです」と申し上げてきましたが、「公式に三重県を訪問したい」との連絡をいただいたのがタナテップ・ウパティシン大使（在任期間2012〜2014年）でした。

さっそく三重県庁へ連絡し、駐日タイ王国大使の初めての三重県公式表敬訪問が実現しました。2013（平成25）年11月6日、タナテップ大使ご夫妻とシントン・ラーピセートパン公使（現在の駐日タイ王国特命全権大使）ご夫妻と大使館スタッフが三重県庁を訪れ、鈴木英敬知事がお迎えしたのです。

鈴木知事はその後も積極的にタイ王国との交流に力を注がれ、2018（平成30）年7月18、19日には、ソムキット・チャトゥシーピタック副首相を団長に、主要経済閣僚で構成された訪問団が日本政府との面談を終え、その足で三重県を訪れました。国への訪問団がひとつの県へ泊まりがけで訪れるのですから、親密ぶりを物語っています。

訪問の第一の目的は経済交流で、タイ側から「県内の企業と個別に面談したい」との要望が出され、3社が選ばれて、そのうちの1社がヤマモリでした。

面談の部屋へ入ると、副首相のソムキットさんが私におっしゃいました。

「初めまして」

そこで、私は申し上げました。

「いいえ、2度目です」

ソムキットさんが不思議そうにしてみえるので、私は事情を説明しました。私はかつてタイの4大財閥のひとつであるサハグループのブンヤシット会長に、ヤマモリ東京支店にお越しいただき、弊社の日本とタイ国での事業について、プレゼンテーションを行ったことがありました。

その時、ソムキットさんもサハグループの副会長として同席しておられました。事情が分かるとソムキットさんは、「ああ、あの時の方ですか」とおっしゃり、すっかり打ち解けることができました。

会談では、さらなるタイ王国への投資と技術移転への期待を示されました。私が改めて「ヤマモリタイカレーはタイ産の良質な鶏肉を使用し、タイの自社工場で生産しています」と説明すると、「タイのフルーツも使ってもらえませんか」とおっしゃり、そこから新商品「マンゴーカレー」が生まれたのです。

三重ご来県のソムキット副首相との個別面談にて

タナテップ大使と鈴木三重県知事

深まっていくタイとの交流

タイ政府は２０１５（平成27）年から、長期的な経済社会のビジョンを達成するための経済開発計画「タイランド４・０」をスタートさせました。人件費の安さを武器にするのではなく、さらなる産業の高度化を実現していこうというものです。

２０１８（平成30）年7月のソムキット副首相を団長とする日本への訪問団の派遣は、この実現に向けてのものでした。東京から三重県入りした訪問団を、鈴木英敬知事を筆頭に三重県の政界、経済界を挙げてもてなしました。

ソムキット副首相と面談した県内企業3社のうちの1社がスエヒロＥＰＭ（本社・四日市市）の佐久間裕之会長でした。

スエヒロＥＰＭは、食用油搾油機の世界的トップメーカーです。そこで佐久間会長は、タイ国の食品産業の高度化に役立ててもらおうと、同社の「2軸エクストルーダー」という高価な高性能機械を、タイ国に寄贈することにしました。素材の混合や混錬、粉砕、加熱、殺菌、冷却など、多くの処理を短時間で行えることから「夢の食品加工機」と言われており、1台で連続生産できるため、省エネ、省スペースにも貢献する優れものです。佐久間会長は、長年にわたり三重県中小企業団体中央会の会長を務められた素晴らしい経営者です。

しかし、優れた機械をもらい受けても、使いこなせなければ意味がありません。そこで、ソムキット副首相はタイと三重県との産業連携の拠点となる「三重タイイノベーションセンター」の設置を提案し、鈴木知事はこれを喜んで受け入れました。11月14日には、バンコクにあるタイ国家食品研究所で開所式が行われ、ソムキット副首相は「このセンターがタイの食品産業のエンジンになることを期待している」とあいさつされました。

ヤマモリはタイ政府の「タイランド4・0」や「フードイノポリス（食品産業都市）構想」を受けて、前年の2017（平成29）年、「ヤマモリR&Dセンター」を開設し、食品系の所要な大学との共同研究をスタートさせています。

タイ国内にしっかり根づいていくには、研究開発拠点も設け、タイならではの技術開発や商品開発を進めていくべきである、と考えたからです。

具体的な成果を得るにはそれなりの時間と努力の積み重ねが必要ですが、共に研究開発に携わった学生はタイ国内の未来の食品産業を背負っていく人たちであり、この産官学の連携を通じて、確実に交流の輪は広がっています。

三重タイイノベーションセンター開所式
鈴木知事（左）、ソムキット副首相（中央）

三浦先生との出会い

私がヤマモリに入社して数年後、特販部長をしていた時のことです。新しい仕事を増やすためにいろいろな会社を訪問し、そこでさまざまな人との出会いがありました。その中の一人が、当時積極的にレストランをチェーン展開していた「ステーキのあさくま」の近藤誠司社長でした。

レストラン店頭での持ち帰り用のみならず、スーパーでも販売することになる冷凍の「あさくまハンバーグ」の製造を引き受けることになりました。そのパッケージデザインについて、近藤社長は私に「デザイナーの先生と打ち合わせてこい」と指示しました。

私はさっそく名古屋の「パブリックデザインワークス」というデザイン会社を訪問しました。三浦正紀という社長に会うためです。それがその後、ヤマモリのすべての製品のデザインを依頼し、今日までの長きに渡って深いお付き合いをさせていただいている三浦先生との出会いでした。

私はそれまで専門のパッケージデザイナーに会ったことがありませんでしたので、とても刺激的でした。それにも増して、三浦先生との出会いはきわめて新鮮であり、その人柄にも強く惹かれました。

私は、ヤマモリ製品のパッケージデザインも三浦先生にお願いしたいとの思いを強くし、改めて三浦先生にアポをとり、訪問しました。

「ヤマモリのデザインも引き受けてもらえませんか」

「いいですよ」

三浦先生は、ためらうことなく引き受けてくれました。

しかし、先生の了解が得られたからといって、当時の私はいち特販部長に過ぎず、私の一存で決めることはできません。実現するには、ヤマモリのトップである父の了解を得ておく必要がありました。

そこで、三浦先生に父の待つ桑名の自宅へお越しいただき、父に引き合わせました。その時の父はすでに体調を崩していましたが、まだ入院してはおらず、自宅にいたのです。私は三浦先生を父に紹介して言いました。

「先生には、ヤマモリの商品のデザインを頼みたいと思っているので、一度、社長にも会ってもらっておいたほうがいいと思い、お連れしました」

すると、父は先生に「よろしく」と言いました。

ただそれだけで、三浦先生へのデザインの依頼をはっきり許可してくれたわけではありませんでした。だからといって、先生が帰ってから「やめておけ」とも言いませんでした。

左から、ダイコク電機の栢森新治社長（現在の相談役）、三浦先生とシンガポールにて

ヤマモリ未来会議

私は三浦先生との交流を続けていくうちに、「商品のパッケージだけでなく、会社そのものをデザインすべきではないだろうか」と考えるようになりました。パッケージデザインが商品の内容や本質をアピールしているように、会社そのものを一新し、その姿を社内外へアピールすべきではないか、と考えたのです。ちょうど、CIやVIの導入が盛んになり始めていた頃でした。

1987（昭和62）年のことで、2年後にはちょうど100周年を迎えます。人は変化を嫌うものですが、誰もが認めざるを得ない大きな節目の年であれば、変化を受け入れやすいはずであり、100年に1度のこのチャンスを利用しない手はない、と考えたのです。

しかも、広告代理店に依頼するのではなく、みんなで考えた手作りのCIや

ＶＩを導入したい。そのためにはまず、これまでの１００年を振り返り、これからの１００年をどういう会社にしていきたいのかを、自分たちで考えなければなりません。

このことを三浦先生に相談すると、「若い人たちを中心に取り組んではどうでしょう」とのアドバイスをいただき、「それがいい」と私も思いました。

こうして、「ヤマモリ未来会議」が発足し、「ＴＯ　ＴＨＥ　ＮＥＸＴ」を合言葉に、未来計画づくりがスタートしたのです。会議には、未来のヤマモリを担う幹部候補生が部署の垣根を越えて参加し、会議の企画・進行は三浦先生に引き受けていただきました。

参加したメンバーは、ヤマモリの未来についていろいろなテーマで話し合いました。それまで、同じ社内にいてもあまり話す機会のなかった人たちが何回も集まり、会社はどうあるべきかについて、活発な議論を交わしたのです。

三浦先生が問い掛け、参加者は自ら考えて、先生の問いに答えていく。それによって、今まで考えていなかったことを気づかされ、視野を広げていく。ヤマモリの未来のビジョンを策定するだけでなく、若手の貴重な勉強の機会にもなり、成長につなげていくことができました。

こうしてコーポレートマークを作成し、翌年には社名を現在の「ヤマモリ」に変更しました。「食品工業」を外したことには、何にでも挑戦できる会社になるという大きな夢が込められています。

ＣＩで決めたヤマモリロゴのネオン看板（名古屋高速道路沿い）

「伊勢醤油」という地醤油

三浦先生には、その後もヤマモリのパッケージのデザインをお願いしましたが、三浦先生からおもしろいアイデアをいただき、そこから「伊勢醤油」の開発が始まっていきました。1991（平成3）年のことです。

醤油は今でも、安くてお値打ちな商品の代表格のひとつです。有名ブランドの醤油でも例外ではなく、贈答品になるような醤油を目にすることは少なくなりつつありました。

そこで私は、「おいしいのでわざわざ取り寄せてでも使いたい」と言ってもらえる醤油を造りたいとの思いから、日常使いにとどまらず、贈答品としても使ってもらえるようなブランド醤油を立ち上げることにしたのです。

圧倒的に強いブランドとは、住んでいる地域をブランド化したものです。

そこで私は、ヤマモリは三重県の醤油メーカーであり、三重県と言えば「伊勢」なので、これを冠にすれば強いブランドになると考えました。しかも、「伊勢」は日本のみならず、世界に通用するブランドだと思いました。

三重県にも多くの地酒があります。この頃には、地ビールを造ろうという動きも出てきました。ならば、地味噌や地醤油があってもいいはずだ。こうした発想から、「伊勢醤油」という地醤油を造ることにしたのです。

そのためには、商品の味や品質をよく吟味するのみならず、商品をアピールする強みや差別化が必要です。そこで、千葉県の野田、銚子、兵庫県の龍野、香川県の小豆島など、全国の代表的な醤油の産地へ取材に行き、何をアピールしているのかを調べて回り、「伊勢醤油」のコンセプトを決めました。

東海地区は豆味噌とたまりの文化圏ですが、ほかの全国の地域は米味噌と醤油の文化圏です。

すなわち、米味噌と醤油の文化圏の人たちが、豆味噌とたまりの文化圏へやって来る。それがお伊勢参りであり、三重県とはこのような2つの文化圏の交差点であるとの仮説に基づいて、「たまりの良さと醤油の良さを併せ持つ醤油」というコンセプトを打ち立てました。

モンドセレクション最高金賞受賞 2010 年ドイツでの受賞式

「伊勢醤油」神宮奉納

１９９２（平成４）年7月1日、正式に「伊勢醤油プロジェクト」がスタートしました。ビジネスを展開するにあたり、三重県醤油味噌工業協同組合の副理事長だった私は、理事長の会社である下津醤油と伊勢市に店を構える糀屋に構想を説明し、３社合弁で「伊勢醤油本舗」を設立しました。

目指すのは、おかげ参りで賑わっていた当時の伊勢で使われていた醤油の味の再現です。まず、原料である大豆と小麦の配合比率を変えて、何タイプかの醤油のテスト仕込みを行うことにしました。

たまり醤油の深い旨みと、濃い口醤油の華やかな香りがやさしく調和し、焼いた時に立ち上る香ばしい香りや、つけ醤油にした時にはっきり舌に残るコクと力強い味わい。すべて地元の素材を使用し、じっくり丹念に熟成させて、懐かしい地元の味を再現しました。

ちょうどこの年は、20年に1度の伊勢神宮の遷宮の年に当たりました。そこで、せっかくなので古式ゆかしいやり方で伊勢神宮に奉納し、郷土の味を全国に情報発信したい、と考えました。

伊勢神宮神宮司庁の広報を担当していた佐藤昭典氏に相談したところ、それなら「正式奉納」しませんかとの提案をいただき、開催時期についてもアドバイスいただきました。

初めての伊勢醤油奉納式は1992年12月29日に行い、1年間の豊かな実りへの感謝を込めて、搾りたての伊勢醤油四斗樽を伊勢神宮の外宮と内宮に奉納しました。

内宮では、紋付羽織袴《はかま》で正装し、そろいの印半纏に身を包んだ奉納の行列が、真新しい四斗樽を担いで五十鈴川の橋をわたり、神楽殿へと進んでいきました。

先頭を行く私は身の引き締まる思いがしました。

翌年からは毎年12月28日に実施し、多くの人に親しまれてきました。10年、20年と続けていくうちに、年の瀬の伊勢の風物詩になっていきました。

それから数年後のある日、赤福の濱田益嗣会長から、おかげ横丁に出店する気はないかとの打診があり、願ってもないことなので、２０１１（平成23）年に店を出し、伊勢醬油本舗の本店をおかげ横丁のある伊勢市宇治中之切町に移しました。

２０１６（平成28）年の伊勢志摩サミットでは、ワーキングランチにすべて三重県産の素材を使用することになり、伊勢醬油も使っていただくことができました。

「伊勢醤油」神宮奉納

伊勢醤油奉納式は今では年末の伊勢の風物詩に

HACCP仕様のスープ工場

2000（平成12）年の6月から7月にかけて、近畿地方を中心に雪印乳業の大阪工場で、製造された乳製品による集団食中毒事件が発生しました。雪印集団食中毒事件です。

被害者は総勢1万5千人という戦後最大の食中毒事件で、工場は操業停止に追い込まれ、その後も次々に不祥事が発覚して、雪印グループは解体・再編へと追い詰められていきました。

この事件が起きる前から食品事業に携わるものとして、私はある変化を感じていました。食生活が豊かになり、市場が成熟化していくにつれて、日本人は食の安心や安全に対してとてもナーバスになってきていることでした。

そんな私はヤマモリの工場について、前々から気になっていたことがありました。製品の中に、薄めずにそのまま使えるストレートタイプの麺スープがあります。小さなパックに詰めてあり、麺製品に添えるスープです。薄めて使う濃縮スープに比べて塩分が少なく、それだけ腐りやすいのに、微生物の多い桑名の醤油工場の敷地内で製造していたのです。

ストレートタイプの麺スープに最適な環境とは、とても言えません。事件が起きれば、添付されているスープに問題があっても、麺製品をまるごと回収しなければならず、被害は甚大です。このため、いつか何とかしなければならないと、常々考えていました。

そこへ起きたのが雪印の食中毒事件です。私はこの時、はっきり認識しました。食品に要求されるものは、既にがらりと変わっている。おいしいのは当たり前で、これからは安心安全がこれまで以上に求められる時代になっていく。

しかも、雪印のような歴史ある大企業でも、食の安心や安全を損なう事件を起こせば、存続の危機に立たされることになる。ヤマモリだったらひとたまりもない。これからは、食品に関わる工場や企業は、製品の安心や安全をきっちり担保できなければ、生き残っていくことはできない。

そう判断した私は、新たな用地を求め、医薬品製造レベルの生産環境を整えた「ＨＡＣＣＰ仕様の最新鋭のスープ工場」を建設しようと、急きょ決断しました。大きな資金調達を伴う決断でしたが、その時の私の心をとらえていたのは、一日も早く安心で安全な生産を担保できる最先端の工場を造りたいという強い思いでした。

ＨＡＣＣＰ仕様のスープ工場

医薬品製造レベルの生産環境を整えた最新鋭のスープ工場

わずか半年の突貫工事

工場を建設するには、まず用地を確保しなければなりません。そこで、パソコンに「工場用地」「三重県」と入力して検索すると、桑名市大山田にある「桑名ビジネスリサーチパーク」がヒットしました。先端企業の研究施設を誘致し、研究者は大山田団地に居住するというように、職住接近の構想のもとに整備されていました。

2000(平成12)年10月、私は現地を見に行きました。東海郵政局の研修センターがあるだけで、あとは空き地が広がっているだけでしたが、地元の桑名市内というのは魅力的でした。

私は都市基盤整備公団の担当者に質問しました。

「研究施設ではなく、工場を建設したいのですが、それでもいいでしょうか」

「買い手がいないので困っています。工場でもいいですが、煙がもくもくと出たり、騒音が出るようなことでは困ります」

「今時、そんな工場はありません」

「それならいいですが、できれば研究施設も併設してもらえないでしょうか」

「分かりました」

ということで、私は建設場所をここに決めました。それからの動きは速く、12月に土地を取得して、翌年2月13日に起工式を行い、同年8月末の完成・引渡しを目指しました。

わずか半年の突貫工事で、最新鋭のHACCP工場を建設するのです。この無理難題を押し付けるような建設であったため、HACCP工場で実績のある大成建設にお願いしました。

総投資額は40億円。しかし、土地を購入し、建設工事を仮発注しましたが、まだ銀行に相談していませんでした。

そこで、私は急いで東海銀行の桑名支店長に融資を頼みに行きました。東海銀行が三和銀行と合併してＵＦＪ銀行になる前年のことです。

西川真一桑名支店長は都銀で初めて私より年下の支店長でした。話をよく聞いてくれましたが、しばらくして得た回答は「本部の承認が得られないので、融資できません」でした。すでに工場の建設計画は動き出しているので、後戻りはできません。私は桑名駅前のロータリーに停めた車の中で２時間、なぜこの工場が今必要なのかを懸命に説明しました。

「よく分かりました。頑張ります」

西川支店長は、自らの進退をかけて再度本部と交渉し、了解を取り付けてくれました。西川支店長は後に常務になられました。

突貫工事で最新鋭のＨＡＣＣＰ仕様の工場を建設

安心安全は生き残りの条件

超特急の突貫工事なので、担当窓口に指名したヤマモリの若手係長は、まさにやせる思いで取り組み、事実、工場が完成した時にはすっかりやせていました。

こうして桑名大山田事業所、現在の本社・大山田工場が完成しました。医薬品メーカー並みのクリーンな工場です。取引先に見てもらうと誰もが驚き、「かなりなお金がかかっているから大変ですね」と言うので、「そうです。大変です。だから、まとまった仕事をください」とお願いしました。

冗談ではなく、身の丈を上回る高額な投資でしたので、翌年の決算が厳しくなるのは必至でした。そこで、新年度入りする直前の3月末に社員に向けたビデオメッセージを制作し、新年度のスタートにあたり発表しました。

「これからは安心安全が必須な時代になるので、大山田に新工場を建設しました。返済や償却を考えると、赤字をまぬがれることはできません。誠に申し訳ありませんが、今年のボーナスはありません。しかし、サラ金で借りてもらうと困るので、会社が低利で貸し付けを行います」

夏が来てもボーナスが出ない。冬が来てもやはり出ない。「こんなものを建てるから、ボーナスが飛んでしまった」との不満の声が聞こえてきそうで、年度始めに予告したとはいえ、やはり心苦しい1年でした。

幸いにも仕事が増え、予算を超える見通しが立ってきたので、3月末にわずかながら決算賞与を支給しました。出せないと思っていた賞与を出せたことで、少しは喜んでもらえたかもしれません。

しかし、どんなことがあっても、赤字を出すわけにはいきません。ボーナスのない状態が続いたら、優秀な社員から辞めていってしまうからです。

このように、大変な思いで建設した工場ですが、その後、世の中が大きく変わっていき、私の予想通り安心安全は食品事業者が生き残るために不可欠な条件となりました。あの時、思い切って建設して良かったと思います。

その後、研究開発施設を併設し、本社機能を移転しました。最初に購入した用地は3千坪でしたが、その後、買い増していき、1万坪になっています。

当時の食品工場としては非常に高いレベルの仕様だったので、大成建設はこの工場を最新HACCP工場の施工事例とし、これからの食品工場はこうあるべきだとPRに活用し、多くの受注を獲得しました。

食の安心安全を担保する大山田新工場が完成

新しい分野の商品に挑戦

少子高齢化が叫ばれる中、わが社の技術や設備を活用して、従来のカテゴリーにとらわれない、まったく新しい分野への参入を模索しました。

いろいろ検討し、１９９１（平成３）年に第１弾として、松阪工場で「レトルトパウチ入り経口流動食」のＯＥＭ生産をスタートしました。これが医療食分野参入のスタートとなり、農林水産省領域の食品から、厚生労働省領域の食品への挑戦が始まりました。

医療食は、高度な生産技術力と生産管理力、品質管理力が要求される分野であり、食品メーカーとしての総合力が試されました。

１９９３（平成５）年からは大手乳業メーカーとの取り組みも始まり、「スパウト付きレトルトパウチ入り流動食」の生産を開始しました。

こうした医療食分野の商品が一定の売り上げ規模に成長してきたことに支えられ、1998（平成10）年にはヤマモリ単体の売上高は204億円となり、社長就任時（1982年）に約100億円だった売上高が初めて200億円の壁をクリアできたことを素直に喜びました。医療食分野への取り組みはさらに進み、2010（平成22）年には、大山田工場にチアパックラインを新設してテルモ社の「経口栄養食テルミールシリーズ」の生産を開始し、翌年には大山田新棟を建設し同社の「経管流動食」の生産も始まりました。

2007（平成19）年には、以前からOEM生産をお願いしていた松本市のレトルトパウチ食品製造会社「セントラルパック」（資本金5千万円、直近売上約43億円）の株式を譲り受け、連結子会社としてヤマモリグループの一員となりました。ヤマモリとして初の国内M&Aで、優秀な仲間が新たに加わりました。

翌年にはISO－22000を認証取得、2015（平成27）年にはFSSC－22000を認証取得したのに加え、計画的な工場建屋の改修と生産設備の充実・増強、品質保証体制の充実に努め、今ではヤマモリグループの最適生産体制確立の核となっています。

この頃になると、会社が組織として動けるようになってきたように思います。次々と起きる問題を連携して解決していける体制が整ってきたように思えるのです。投資に次ぐ投資で、相変わらずお金だけは忙しい状態が続いていますが、精神的には随分、楽をさせてもらえるようになりました。ありがたいことです。

忙中有閑。アストンマーチン走行会（鈴鹿サーキットにて）

実コースで愛車を自ら走行

今日の犠牲者は誰？

若い頃、たぶん40代だったと思いますが、私は会社で夜遅くまで若手の社員と話し込むことがたびたびありました。社員とコミュニケーションをとっているつもりでいましたが、社員にしてみれば「今日も社長につかまった」ということだったと思います。

ある夜、遅くまで話し込んで帰宅すると、妻の美保子が「今日の犠牲者は誰？」と聞いてきました。

「犠牲者？」

社員を相手に自らの考えを喋りまくったテンションのまま帰宅したので、そう感じたのかもしれません。私は「冗談じゃない。こんなに一生懸命、ない頭をフルに使っていろいろ考えているのに」と思いましたが、あえて反論しないで受け流していました。

またある夜、いつものように社員と話し込んで帰宅すると、妻が私に聞くのです。

「そんなに毎回毎回、話すことがあるの？」

私が「いくらでもある。まだまだ話し足りないくらいだ」と答えると、「そのエネルギーの10分の1でも、うちの娘たちに注いでくれたら、もっといい娘になれるのに」と言うのです。

続けて「子育ては夫婦二人でするもので、男親には男親の、女親には女親の役割があると思う」とも言われました。

私たち夫婦には4人の娘がいます。私は、普段あまり顔を合わせることのなかった父にどう接すればいいか分からなかった子供の頃を思い出し、「確かに」と思いましたが、当時の私には100％受け入れる気持ちの余裕がなく、今この年齢にして、ようやく素直に受け止めることができるようになりました。

私は社員にいつも言っていることがあります。

「何が大事かって、自分自身に決まっているやろ。次に家族だ。その次が仕事とか会社だ。家庭がうまくいっていないのに、仕事に集中できるわけないやろ。だから、家庭を大事にしろよ」

自分自身やれていないのに、「まあ何と勝手なことを」と思わないでもありませんが、社員にはぜひそうあって欲しいと本心から願っています。

今回マイウェイの執筆の機会をいただいたことで、自分の半生を振り返ってみて改めて気付き感じたことは、本当に私は「人に恵まれ、助けられ、支えられて、今があるのだ」ということでした。少しずつかもしれませんが、これからお返ししていきたいと思っています。

家族からの還暦のお祝い

進化し進歩する老舗を目指す

2021（令和3）年、68歳になりました。29歳でヤマモリ四代目社長に就任して39年目を迎えています。本当にあっという間で、いつの間にこんなに歳をとってしまったのだろうと、改めて感じています。

社長就任以来、自らの考えを短い言葉で表現した企業理念・経営理念をつくりたいと思っていましたが、ゆっくりとした気持ちで自らの思いと向き合う心の余裕がなく、2006（平成18）年の就任24年目にしてようやく、たどり着くことができました。

企業理念を「果てしなき夢をえがき、満足を追求しつづける」と決定し、社内外に発表したのです。タイでは、「Ｄｒｅａｍｓ Ｃｏｍｅ Ｔｒｕｅ・Ｄｏ Ｉｔ Ｆｏｒｅｖｅｒ」という言葉で表現することにしました。

企業理念は、会社のアンカーボルトの役割を果たすものだと思います。迷いが生じた時や、重要な意思決定をする時、自ら定めた企業理念に照らして判断すればいいのですから、一時的かもしれませんが、ホッとした気分になったことを今でも覚えています。

加えて経営理念を、①私達は「新しい価値を生み出す企業」となる ②私達は「安心・安全な信頼される商品を提供し続ける企業」となる ③私達は「経営品質の高い企業」となる ④私達は「創造的活動を通じ自己実現できる企業」となる——と定めました。

付加価値を生み出す力こそが企業の力となり、この努力を続ければ、企業の体質になります。老舗と言われる企業は、同じことを続けてきたわけではありません。動物が進化してきたように、老舗も時代の変化に対応し、形を変えながら生き延びてきました。

これからの時代、会社は自らの意志で形を変えていくことが必要だと、私は思っています。私はこれを進歩と呼び、進化し進歩する老舗でなければならないと考えています。

人は変化を好みませんが、それでは進化も進歩も実現できません。変化を敬遠するのではなく、むしろ変化を楽しみ、ポジティブシンキングでとらえていく。次代を担う人たちには、そんな会社を目指してほしいと願っています。

これからは進化し進歩する老舗を目指すと宣言（ヤマモリ創業130周年式典にて）

渋沢栄一賞

2020（令和2）年、夏のある日の出来事です。バローホールディングスの田代社長から、私の携帯に電話がかかってきました。「第19回渋沢栄一賞の候補者を推薦するようにということだったので、君のことを推薦しておいたから。詳しいことは、多治見商工会議所の担当者と打ち合わせをして、指導を仰いでほしい」とのことでした。

株式会社バローホールディングスは、スーパーマーケット事業を中核に、ドラッグストア事業、ホームセンター事業、スポーツクラブ事業などを手広く展開する、東証一部上場の一大流通企業です。田代社長は平成30年度第17回渋沢栄一賞の受賞者です。

渋沢栄一賞は、埼玉県が表彰を行う賞で、埼玉県深谷市出身の渋沢栄一翁の功績を称え、その精神を受け継ぐ全国の経営者を対象に表彰する目的で創設された賞で、2002年度から毎年表彰を行っています。

そんな大それた賞へ、田代社長が「推薦しておいたから」と言うのです。田代社長曰く、自分は過去にもいろいろ表彰してもらったが、渋沢栄一賞で表彰されたことが、一番うれしかったとのことでした。

さっそく地元の桑名商工会議所、三重県商工会議所連合会並びに三重県中小企業団体中央会からも推薦していただき、バローホールディングスを筆頭に4つの団体から推薦していただくことになりました。

2020年12月17日、田代社長から何度も私の携帯に電話がありましたが、ちょうどその時は、東京で商工組合中央金庫の経営諮問委員会に出席していましたので、電話にでることができませんでした。会議終了後、こんなに何度も続けて電話がかかってくるとは、いったい何事かと思い、急いで田代社長に電話すると、「おめでとう。渋沢栄一賞が内定したぞ」とのことでした。私の受賞内定を、推薦者である田代社長は我がことのように喜んでくれました。

続いて三重県商工会議所連合会の吉仲専務理事からも受賞内定の連絡をいただきました。強力な推薦者のおかげで、不肖私が渋沢栄一賞をいただくことになったのです。

2021（令和3）年2月9日の受賞報告会は、コロナ禍で緊急事態宣言発出中ということもあり、リモートで大野埼玉県知事から表彰していただきました。今回の受賞は、これを機会にしっかり会社を経営し、正しく社会に貢献せよという「今後への期待値」なのだと強く感じた次第です。

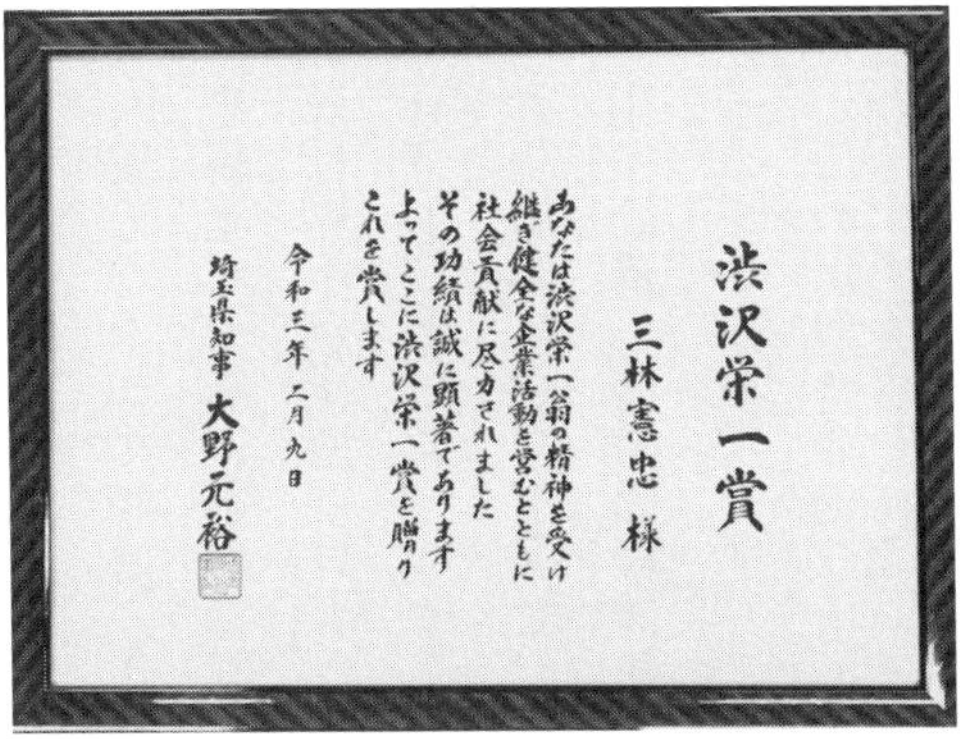

渋沢栄一賞

三林憲忠 様

あなたは渋沢栄一翁の精神を受け
継ぎ健全な企業活動を営むとともに
社会貢献に尽力されました
その功績は誠に顕著であります
よってここに渋沢栄一賞を贈り
これを賞します

令和三年 二月 九日

埼玉県知事 大野元裕

受賞報告会　ヤマモリ本社にて

新型コロナウイルスの世界的蔓延

2020（令和2）年6月に中部経済新聞の連載企画「マイウェイ」の執筆を終えて、早いもので既に10カ月以上の時間が経過いたしました。2020年は世界中が新型コロナウイルス感染拡大防止対策に翻弄された1年でした。2021（令和3）年になってからも、世界的な感染拡大は収まるどころか、なお一層の広がりをみせ、日本でも2回目の緊急事態宣言が発出されました。雇用や経済への悪影響は甚大で、1年延期された東京オリンピックの開催も危ぶまれている状況です。

この新型コロナウイルスの世界的蔓延という予期せぬ事態に、外食事業者、宿泊事業者、交通事業者をはじめとする多くの事業者が、赤字決算を余儀なくされ、業績低下に歯止めがかからず苦しんでいます。

弊社もレストラン事業や宿泊事業などは大きな影響が受けましたが、調味料やレトルトパウチ食品など、生活必需品を製造販売しているメーカー事業の業績への悪影響は、極めて軽微なもので推移しています。新型コロナウイルス感染予防対策に万全を期していただいている従業員の皆さんの努力に、心から感謝申し上げます。

これからは、「何が起こっても決して不思議ではない時代」に突入したのだと強い危機感を感じている経営者は、私だけではないと思います。

私たちはこの教訓を正しく分析し、これから急激に変化するであろう時代の要請に、しっかり対応できる企業体制を構築しなければならない、と改めて痛感しています。

2019（令和元）年秋に開催したヤマモリ創業130周年記念式典で、私たちの目指すべき姿を「進化し、進歩し、発展する老舗」と定め全社に発表しました。「We are changing with you・共に変わる」を合言葉に。

目指すべき姿を実現するための具体策として、2020年度から全社を挙げて収益性の改善に取り組み、事業構造改革を目指す、部門横断型の新プロジェクト「YTA（ヤマモリ　ターン　アラウンド）を始動させることにしました。

ヤマモリ130周年記念式典
合言葉「We are changing with you・共に変わる」

ＹＴＡ（ヤマモリ　ターン　アラウンド）

２０２０（令和２）年度、まず部門長以上で始動したＹＴＡ活動は、各部署の課題を洗い出した上で、同年11月下旬から12月上旬にかけて、ＹＴＡリーダー研修会を実施しました。

続いて経営層が全国の各部門をまわってプロジェクト方針説明会を実施しました。２０２０年度のＹＴＡ活動を通して見えてきた問題点を議論した末に、２０２１（令和３）年度はワーキンググループを再編することにしました。全部で22グループという、まさに全社を挙げての一大プロジェクトです。

スピード感を持って本格的に活動を活発化する初年度、それが２０２１年度なのです。単年度で終わるプロジェクトでもありません。毎年毎年、ローリングさせていくプロジェクトです。

まずは初年度となる２０２１年度に、しっかり成果を上げることで、良い循環を生み出し、「我々は変わった。我々は変われた。変化って楽しい」を社員の皆さんと一緒に実感したいと思っています。

私はヤマモリ株式会社の社長として、ＹＴＡプロジェクトリーダーと各ワーキンググループリーダー陣とのコミュニケーションをはかり、正しいリーダーシップを発揮し不退転の覚悟で臨みます。

ＹＴＡ活動は、ヤマモリが次の１００年もさらに発展し、社会に貢献し続けるための活動でもあります。

ＹＴＡ活動でしっかりとした結果を出すことで、社員の皆さんひとりひとりの自己実現につなげることができれば、社長としてこんなうれしいことはありません。

引き続き、皆さんのご理解とご協力をいただき、頑張る所存です。そして三林忠衛先代社長から預かったバトンを次の世代に渡していくことが、私の使命だと思っています。

「社員の皆さん、明るく元気に楽しくやりましょう」

ＹＴＡ（ヤマモリ　ターン　アラウンド）

ＹＴＡリーダー研修会開催

あとがき

この本を書き終えてみて、私は本当に「人に恵まれ、助けられ、支えられて、今があるのだ」ということを痛感しています。

本文の中でも触れさせていただきましたが、少しずつかもしれませんが、これから皆さんへお返ししていきたいと思っています。周りの皆さんにはご迷惑な話かもしれませんが、生涯現役を貫いてまいる所存です。よろしくお付き合いのほど、お願い申し上げます。

今回の執筆にあたり多大な協力をいただきました、中部経済新聞社の編集局次長の立松鉄洋様、事業部の安藤翔平様、専属ライターの津田一孝様、そしてヤマモリの伊達綾香秘書に感謝申し上げます。ありがとうございました。

令和3年2月吉日

筆　者

＊本書は中部経済新聞に令和二年五月一日から同年六月三十日まで五十回にわたって連載された『マイウェイ』を改題し、新書化にあたり加筆修正しました。

三林 憲忠(みつばやし のりただ)

1975年、東京農業大学醸造学部醸造学科卒業。76年4月、ヤマモリ食品工業（現在のヤマモリ）へ入社。同年6月取締役、常務を経て、82年代表取締役社長に就任。2002年、三重県醤油味噌工業協同組合理事長、13年、全国醤油工業協同組合連合会会長、20年、三重県中小企業団体中央会会長を務める。21年、第19回渋沢栄一賞を受賞。
桑名市出身。

中経マイウェイ新書　049

ご縁《えん》〜人《ひと》に恵《めぐ》まれ、助《たす》けられ、支《ささ》えられ〜

2021年4月15日　初版第1刷発行

・

著者　三林《みつばやし》　憲忠《のりただ》

発行者　恒成 秀洋　発行所　中部経済新聞社

名古屋市中村区名駅4-4-10　〒450-8561
電話 052-561-5675(事業部)

印刷所　モリモト印刷株式会社　製本所　株式会社三森製本

ISBN978-4-88520-233-9